MW01676858

eurolingua
Deutsch 1

Neue Ausgabe

Gesamtband

Sprachtrainer

Cornelsen

eurolingua **Deutsch 1**

Neue Ausgabe
Sprachtrainer
Gesamtband

Im Autrag des Verlags erarbeitet von:
Dr. Friederike Jin

Redaktion:
Dr. Ulrike Litters (verantwortliche Redakteurin)
Charlotte Böhler-Rodet (redaktionelle Mitarbeit)
Dr. Gunther Weimann (Projektleitung)

Illustrationen:
Laurent Lalo

Umschlagfoto:
Matthias Fischer

Gestaltung und technische Umsetzung:
dia* Heike Börner, Berlin

Weitere Kursmaterialien:
Kurs- und Arbeitsbuch | ISBN-13: 978-3-464-21099-4 / ISBN-10: 3-464-21099-5
Audio-CD | ISBN-13: 978-3-464-21462-6 / ISBN-10: 3-464-21462-1
Kassette | ISBN-13: 978-3-464-21461-9 / ISBN-10: 3-464-21461-3
Vokabeltaschenbuch | ISBN-13: 978-3-464-21463-3 / ISBN-10: 3-464-21463-0
Handreichungen für den Unterricht | ISBN-13: 978-3-464-21466-4 / ISBN-10: 3-464-21466-4
Lernerhandbuch | ISBN-13: 978-3-464-21225-7 / ISBN-10: 3-464-21225-4

www.cornelsen.de

1. Auflage, 1. Druck 2006

Druck: Druckhaus Berlin-Mitte

ISBN-13: 978-3-464-21431-2
ISBN-10: 3-464-21431-1

Inhalt gedruckt auf säurefreiem Papier, umweltschonend
hergestellt aus chlorfrei gebleichten Faserstoffen.

Inhalt

Seite

Seite		
4	**Einheit 1**	Der Kurs beginnt
7	**Einheit 2**	Erste Kontakte
11	**Einheit 3**	Im Café
15	**Einheit 4**	Unterwegs in Europa
19	**Einheit 5**	Lebensmittel einkaufen
24	**Einheit 6**	Freizeitaktivitäten
30	**Einheit 7**	Familie und Verwandtschaft
35	**Einheit 8**	Kleider machen Leute
42	**Einheit 9**	Orientierung
47	**Einheit 10**	Von morgens bis abends
51	**Einheit 11**	… einmal durch das Jahr
55	**Einheit 12**	Lebensläufe
60	**Einheit 13**	Medien im Alltag
66	**Einheit 14**	Über den Tellerrand
69	**Einheit 15**	Wie geht es dir?
72	**Einheit 16**	Meine vier Wände
75	**Lösungen**	
94	**Liste der unregelmäßigen Verben**	

Einheit 1: Der Kurs beginnt

► 2 Woher kommen Sie? Wo wohnen Sie?

1. **Ergänzen Sie die Fragewörter und antworten Sie: wie – woher – wo.**

1. ____________ heißen Sie? Ich heiße ____________
2. ____________ wohnen Sie? ____________
3. ____________ kommen Sie? ____________

2. **Schreiben Sie einen Dialog.**

Aus Krakow. • Entschuldigung, ich verstehe nicht. • Ach so, aus Krakow, ich komme aus Lyon. • Ich bin Marie Desmond, ich komme aus Frankreich. Und woher kommen Sie? • ~~Guten Morgen! Mein Name ist Anna Dogil.~~ Und wie heißen Sie? • Ich komme aus Krakow, das ist in Polen.

Frau Dogil: Guten Morgen! Mein Name ist Anna Dogil. Und wie heißen Sie?

Frau Desmond: ____________

Frau Dogil: ____________

Frau Desmond: ____________

Frau Dogil ____________

Frau Desmond: ____________

► 3 Verben markieren

3. **Ergänzen Sie die Endungen.**

wohnen	heißen
ich wohn__	ich heiß__
wir wohn__	wir heiß__
Sie wohn__	Sie heiß__

kommen	sein
ich komm__	ich ________
wir komm__	wir ________
Sie komm__	Sie ________

4. **Ergänzen Sie die Verben *heißen, kommen, wohnen.***

A: Wie __________ Sie? **B:** Ich __________ Claudine Chaptal.

A: Woher __________ Sie? **B:** Aus Frankreich.

A: Aha, und wo __________ Sie jetzt? **B:** In Hamburg.

A: Wie __________ Sie ? **B:** Wir __________ Marie und Felix Schmidt.

A: Wo __________ Sie? **B:** Wir __________ hier in München.

A: Und woher __________ Sie? **B:** Wir __________ aus Bielefeld.

A: Ah, ich __________ auch aus Bielefeld.

▶ 4 Dialoge üben

5. **Schreiben Sie einen Dialog.**

A: Herr Gomez-/-woher?	**A:** __________
B: Santiago-/-Chile	**B:** __________
A: jetzt-/-wohnen-/-wo?	**A:** __________
B: Bremen	**B:** __________

6. **Ergänzen Sie die Dialoge.**

Das bin ich.

Guten Tag, Frau Beier. Mein Name ist Schreiter.

Mein Name ist Schmidt, Monika Schmidt.

Nein, ich bin Frau Reinders. /
Nein, ich heiße Reinders.

1. **A:** Guten Tag! Ich heiße Beier.

   B: __________

   ____

2. **A:** Wer ist Herr Lüders?

   B: __________

3. **A:** Wie heißen Sie?

   B: __________

   ____

4. **A:** Sind Sie Frau Röder?

   B: __________

   ____

7. **Sie verstehen nicht, fragen Sie nach.**

A: Das ist Frau Lüders. — B: Entschuldigung, *wer ist das?* ______

A: Frau Lüders wohnt in Augsburg. — B: Entschuldigung, ______

A: Ich heiße Wang. — B: ______

A: Ich komme aus Chengdu. — B: ______

▶ 6 Ein Wort, viele Sprachen. Wörter ordnen.

8. **Wer ist das? Schreiben Sie den Text richtig und ergänzen den Namen.**

Gutentag!willkommenhierimdeut schkursichbindielehrerinmeinname ist................

⚠ Nomen, Namen und den Anfang vom Satz schreibt man mit Großbuchstaben!

______

______

______

▶ 8 Kommunikation im Unterricht

9. **Ergänzen Sie.**

wiederholen • eine Tabelle • verstehe • langsamer • den Dialog • was heißt

1. Ich ______ das nicht. **2.** Sprechen Sie bitte ______.

3. ______ Sie das bitte. **4.** Lesen Sie bitte ______ zu zweit.

5. ______ „cuaderno" auf Deutsch? **6.** Machen Sie bitte ______ ins Heft.

Wortschatz

10. **Was passt? Ergänzen Sie.**

~~nein~~	falsch
antworten	groß
schreiben	sprechen
Herr	

ja ≠ *nein*

richtig ≠ ______

klein ≠ ______

Frau ≠ ______

fragen ≠ ______

hören ≠ ______

lesen ≠ ______

Einheit 2: Erste Kontakte

1. Bitte ordnen Sie die Ausdrücke.

nicht so gut | na ja, es geht | ganz gut | gut | sehr gut

Wie geht's?  ______________________________ 

▶ 2 Zahlen

2. Ergänzen Sie die Zahlwörter und ordnen Sie die Zahlen zu.

1	_rei	38	f_ _fz_ _n
2	_eun	17	a_ _tunddrei_ _ _
3	_ _ei	66	_chs_ _dsechzig
4	_cht	1000	e_f
5	ze_ _	15	si_ _ze_ _
6	ei ns	83	dre_ _ig
7	sie _ _ _	101	z_ _lf
8	v _ _ _	30	dr_ _undac_ _zig
9	fü _ _	12	einh_ _dertei_ _
10	_ _ chs	11	eint_ _send

3. Zahlenrätsel – Ergänzen Sie die Zahlwörter. Suchen Sie zum Zahlwort den Buchstaben in der Tabelle daneben. Wie heißt das Lösungswort?

1. einhundertfünfundsiebzig **minus** einhundertsiebzig **gleich** 5

2. zweihundertzweiundfünfzig **dividiert durch** ____________ **gleich** zwölf

3. fünfhundertvierzig **dividiert durch** dreißig **gleich** ____________

4. sechs **mal** ____________ **gleich** neunzig

5. vierhundertdreiundachtzig **minus** vierhunderteinundsiebzig **gleich** ________

6. ____________ **mal** einhundertzwanzig **gleich** eintausendundachtzig

7. siebenundsiebzig **minus** dreiundsechzig **gleich** ____________

8. achthundertvierzig **minus** achthundertdreiunddreißig **gleich** ________

9. ____________ **mal** sechzehn **gleich** dreihundertsechsunddreißig

10. neunundneunzig **dividiert durch** neunundneunzig **gleich** ________

A	1
B	2
C	3
D	4
E	5
F	6
G	7
H	8
I	9
J	10
K	11
L	12
M	13
N	14
O	15
P	16
Q	17
R	18
S	19
T	20
U	21
V	22
W	23
X	24
Y	25
Z	26

+ heißt „plus"
- heißt „minus"
x heißt „mal"
: heißt „dividiert durch"
= heißt „gleich"

4. Am Telefon. Bitte schreiben Sie einen Dialog.

Danke, und die Vorwahl? • Alles klar, danke, tschüss. • Nein, null, nicht neun, die Vorwahl ist null sechs null drei fünf. • 06935? • Müller • 06035 • Ja natürlich, einen Moment bitte .... 33 759 38. • Guten Tag, hier ist Meier. Haben Sie vielleicht die Telefonnummer von Frau Amrein? • Tschüss.

A: ______________________________

B: ______________________________

A: ______________________________

B: ______________________________

A: ______________________________

B: ______________________________

A: ______________________________

B: ______________________________

A: ______________________________

5. Ergänzen Sie.

1. **A:** __________ ich bitte Herrn Graffmann sprechen?

   B: Ja gerne, __________ warten Sie einen Moment.

2. **A:** Ist Frau Scheibe ________?

   C: ____________________ , hier ist nicht Scheibe.

   Hier ist Kaiser.

   A: Kaiser? Oh, ______________________,

   ich habe mich __________________.

tut mir Leid | da | bitte | verwählt | Entschuldigung | kann

6. **Bitte schreiben Sie die Fragen und antworten Sie.**

1. Sind / Herr Dalal / Sie ?

____________________?

____________________.

2. in Frankreich / Wohnen / Sie ?

____________________?

____________________.

3. kommen / Woher / Sie ?

____________________?

____________________.

4. Lernen / Japanisch / Sie ?

____________________?

____________________.

5. Sprechen / Spanisch / Sie ?

____________________?

____________________.

6. Musik / Hören / gerne / Sie ?

____________________?

____________________.

7. Arbeiten / bei Siemens / Sie ?

____________________?

____________________.

7. **Schreiben Sie die Sätze und Fragen wie im Beispiel.**

Ich / Spanisch und ein bisschen Deutsch / spreche.
heißt / die Vorwahl von Frankfurt / Wie ?
die Notrufnummer der Feuerwehr / eins eins zwei / Ist?
Haben / die Telefonnummer / Sie / von Herrn Dalal?
Wie / deine Telefonnummer / ist?
ist / Meine Telefonnummer / 33 18 05.
Ich / die Telefonnummer / brauche / von Rainer Kaiser.

Ich ____ (*spreche*) *Spanisch und ein bisschen Deutsch.*

____ ( ) ____?

( ) ____?

( ) ____?

____ ( ) ____?

____ ( ) ____.

____ ( ) ____.

8. **Korrigieren Sie die falschen Informationen. Schreiben Sie Sätze wie im Beispiel.**

1. Der Präsident der USA heißt Tony Blair.

Nein, der Präsident der USA heißt nicht Tony Blair. Er heißt ______________________________.

2. Wien ist in Deutschland.

____

3. Die Telefonnummer der Feuerwehr in Deutschland ist 110.

____

4. Anna Zawadska kommt aus Brasilien.

____

5. Die Vorwahl von Frankfurt ist 06221.

____

6. Die Hauptstadt von Deutschland heißt Bonn.

____

Wortschatz

9. **Suchrätsel. Suchen Sie 15 Wörter und sortieren Sie nach Nomen, Verben und Adjektiven.**

Nomen: der *Flug*, der ______________

die ______________, die ______________

das ______________, das ______________

Verben: *markieren*, ______________,

______________, ______________

______________, ______________

____

Adjektive: *richtig*, ______________,

______________, ______________,

____

K U B U C H S T A B I E R E N
J U B F B U D E S T I O N P F
V F F D E N Z Ä H L E N L L L
R S M A R K I E R E N Z O P U
K L P N A H F H B P B H U N G
F O U J I N R T N A B B N B B
R H Ö R E N E U A R S N F S I
A O Z E J E U R S T T Z R Z N
G U S R R S N R A N E N E Q S
E O C I J P D S R E L W U A T
X R H H R R L A I R E J N S I
I I R I P E I P C V F R D U T
U S E U I C C A H A O E L S U
T I I U O H H L T H N G I J T
E A B Z J E U U I A B E C S Z
R F E R U N N J G O Z L H U A
R E N I E R J I R F A J Z H I
N D I H G L M Ü D E F J O A U
U L E S E N R F A L S C H U J

⚠ Nomen schreibt man groß.

Einheit 3: Im Café

▶ 1 Im „Café am Markt“

1. **Bestellen und bezahlen. Schreiben Sie zwei Dialoge.**

Ja gern. Und was nehmen Sie? • Bitte … und das ist für Sie. • Zusammen? • Einen Kaffee. • Nein, danke. • Zahlen, bitte. • Möchten Sie auch etwas essen? • Ja, zusammen. • Ein Kaffee, ein Orangensaft und die Pizza, das macht 13 Euro 50. • Ich nehme einen Orangensaft und eine Pizza. • Danke sehr. • Guten Tag, was möchten Sie?

____

____

____

____

____

____

▶ 3 *Ein/eine und kein/keine*

2. **Was oder wer ist das? Bitte antworten Sie wie im Beispiel.**

Ist das ein Buchstabe?

Nein, das ist kein Buchstabe. Das ist eine Zahl!

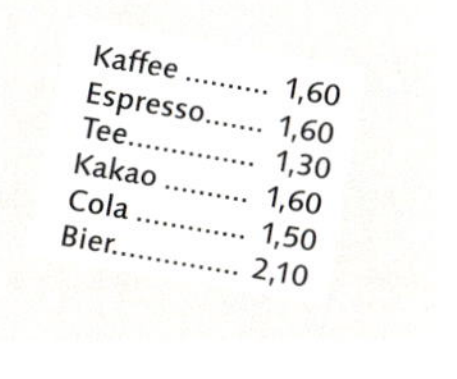

Ist das eine Kursliste?

____

Ist das ein Kind?

____

Ist das ein Buch?

____

Ist das ein Computer?

____

Ist das ein Verb?

____

3. **Antworten Sie negativ. Ergänzen Sie *nicht* oder *kein/e*.**

1. **A: Sind** Sie Frau Müller? – **B:** *Nein, ich bin nicht Frau Müller.*
2. **A:** Ist das **ein Wörterbuch**? – **B:** ____________________
3. **A: Lernen** Sie Japanisch? – **B:** ____________________
4. **A: Wohnen** Sie in Bayreuth? – **B:** ____________________
5. **A:** Ist das **ein Verb**? – **B:** ____________________
6. **A:** Sind das **Nomen**? – **B:** ____________________

▶ 4 Du, ihr & Sie

4. **Bitte ergänzen Sie: du – Sie – ich – wir – ihr.**

A: Kommen ______ aus Frankreich?

B: Nein, ______ sind aus Algerien.

A: Und was macht ______ ... äh ... Entschuldigung

was machen ______ in Wien?

B: Sagen wir „du". ______ heiße Amir, und das ist Mehdi.

A: Und ______ heiße Katja.

B: ______ arbeiten bei der Botschaft. Was machst ______ ?

A: ______ bin Sekretärin.

▶ 6 Verben im Präsens

5. **Bitte ergänzen Sie die Endungen.**

ich	komm	arbeit	sprech
du	komm	arbeit	sprich
er / sie / es	komm	arbeit	sprich
wir	komm	arbeit	sprech
ihr	komm	arbeit	sprech
sie / Sie	komm	arbeit	sprech

e
(e)**st**
(e)**t**
en
(e)**t**
en

sein	haben
ich	ich
du	du
er / sie / es	er / sie / es
wir	wir
ihr	ihr
sie / Sie	sie / Sie

6. Sie verstehen nicht. Bitte ergänzen Sie *nehmen, sein, sprechen, lesen, hören, arbeiten.*

1. A: Ich nehme Kaffee. – **B:** Entschuldigung, was nimmst du? – **A:** Ich __________ Kaffee!

2. A: Ich bin Deutsche. – **B:** Entschuldigung, was __________ du? – **A:** Ich __________ Deutsche!

3. A: Ich spreche Vietnamesisch. – **B:** Entschuldigung, was __________ du? –

A: Ich __________ Vietnamesisch!

4. A: Ich lese Goethe. – **B:** Entschuldigung, was __________ du? – **A:** Ich __________ Goethe!

5. A: Ich höre Beethoven. – **B:** Entschuldigung, was __________ du? – **A:** Ich __________ Beethoven!

6. A: Ich arbeite bei Bosch. – **B:** Entschuldigung, wo __________ du? – **A:** Ich __________ bei Bosch.

7. Ergänzen Sie die Dialoge mit der richtigen Form von *sein, heißen, kommen, wohnen, sprechen, lernen.*

1. **Interviewer:** Wie __________ du und wie alt ________ du?

Max: Ich __________ Max und ________ 11 Jahre alt.

Interviewer: __________ du aus Berlin?

Max: Nein, ich __________ aus Frankfurt, aber jetzt __________ ich in Berlin.

Interviewer: __________ du Englisch?

Max: Ja, ich spreche Englisch und jetzt __________ ich auch Französisch. Sie fragen aber viel …

2. **Laura:** Hallo, wie __________ ihr?

Kathi: Wie __________ ihr denn?

Laura: Ich __________ Laura und das ________ Jonas.

Kathi: Aha, wir __________ Tim und Kathi.

3. **Interviewer:** Wie __________ Sie?

Melanie: Wir __________ Marc und Melanie Desmond.

Interviewer: __________ Sie aus Deutschland?

Melanie: Ja, wir __________ jetzt hier in Hamburg.

Ich __________ aber aus München und Marc __________ aus Paris.

Interviewer: Marc, __________ Sie auch Deutsch?

Marc: Ja, ich __________ auch ein bisschen Deutsch.

8. Was passt?

Ja, was gibt es denn? • Tee mag ich nicht, lieber ein Mineralwasser. • Ja, gern, was trinkst du? • Gute Idee, ich esse gern eine Pizza. • ~~Danke, gut. Und dir?~~

1. **A:** Hallo, Peter, wie geht's? **B:** *Danke, gut. Und dir?*
2. **A:** Auch gut. Was nimmst du? Trinkst du etwas? **B:** __________
3. **A:** Einen Tee, du auch? **B:** __________
4. **A:** Möchtest du auch etwas essen? **B:** __________
5. **A:** Es gibt Sandwichs und Pizza. **B:** __________

Wortschatz

9. Silbenrätsel: Suchen Sie 10 Getränke und ordnen Sie sie in die Tabelle ein.

Mi was Ap ser Kaf Ka fee Co ral la fel saft Es kao Oran saft Wein so pres Bier ne Tee gen

Das mag ich.	Das mag ich nicht (so gern).

10. Lesen Sie die Getränke laut und markieren Sie den Wortakzent.

Einheit 4: Unterwegs in Europa

▶ 1 Texte erschließen

1. Üben Sie die Konjugation: *bleiben* und *fahren (er fährt)*.

________ Sie auch oft ins Ausland?

Ich ________ am liebsten zu Hause,

ich ________ nicht gern in Urlaub.

________ du auch zu Hause oder

________ du wieder nach Norwegen?

Meine Freundin ________ nicht zu Hause,

sie ________ nach Italien.

Wir ________ nicht zu Hause, wir ________ ans Meer.

________ ihr wieder in die Berge oder ________ ihr zu Hause?

18 Prozent der Deutschen ________ zu Hause, die anderen ________ in Urlaub.

Was machen Sie?________ Sie zu Hause oder ________ Sie in Urlaub?

2. Ergänzen Sie *in, aus, nach, bei, zwischen, von*.

a) Tina Brück und Daniel Müller kommen ________ Wolfsburg.

Das liegt ______ Norddeutschland, ________ Hannover und Berlin.

Sie fahren ________ Frankreich ans Meer.

Sie arbeiten ________ Wolfsburg ______ VW.

b) Tim Kaiser wohnt ____ Kiel, das liegt etwa 100 Kilometer nördlich ____ Hamburg.

Er kommt ______ Frankfurt/O., das liegt _____ Ostdeutschland.

Im Urlaub fährt er gerne ______ Schweden und Norwegen.

c) **Und Sie? Schreiben Sie einen kleinen Text.**

____

____

____

____

____

3. Ergänzen Sie die Tabelle und den Satz.

~~Französin~~ Polen ~~Italien~~ ~~Türkei~~ Pole Türkin ~~Polnisch~~ Italienisch Türke China Italiener ~~Chinese~~ Türkisch Chinesin Frankreich Italienerin Chinesisch Franzose Polin Französisch

 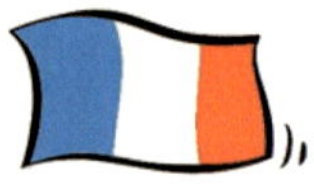    

Land	Deutschland			Türkei		Italien
Sprache	Deutsch		Polnisch			
Mann	Deutscher				Chinese	
Frau	Deutsche	Französin				

Ich bin ________________. Ich komme aus ______________________. Ich spreche _____________________.

4. Was spricht man wo?

1. In Österreich spricht man Deutsch.

2. In der Schweiz spricht ______________________________

3. In den USA ______________________________

4. In Japan ______________________________

5. In Italien ______________________________

5. Kennen Sie Europa gut? Bitte ordnen Sie zu:

Berlin liegt	1	A	nordöstlich von Berlin.
Edingburg liegt	2	B	südlich von Budapest.
London liegt	3	C	westlich von Prag.
Riga liegt	4	D	im Süden von Finnland.
Wien liegt	5	E	nordöstlich von München.
Paris liegt	6	F	nördlich von London.
Tirana liegt	7	G	in Südengland.
Helsinki liegt	8	H	im Westen von Österreich.

6. **Städterätsel: Schreiben Sie den Text richtig. Kennen Sie die Stadt?**

DIESESTADTLIEGTNICHTINDEUTSCHLANDSIEISTDIEHAUP
TSTADTVONDEMLANDESISTEINEGROßEALTESTADTMITV
IELKULTURESGIBTGROßEMUSEENUNDALTESCHLÖSSER
UNDVIELMUSIKINDERSTADTSPRICHTMANDEUTSCH

____

____

____

____

____

7. **Städte beschreiben. Ergänzen Sie den Text.**

alt bekannt Einwohner Hauptstadt liegt Sehenswürdigkeiten

München ist 900 Jahre ________ und ________ im Süden von Deutschland.

München hat 1,3 Millionen ________________ und ist die ________

____________ von Bayern. Die ______________________________

sind die Frauenkirche, der Englische Garten und das Schloss Nymphenburg.

International ____________ ist das Bierfest von München.

8. **Schreiben Sie einen Text.**

Stadt: Dresden
Alter: 1000 Jahre
Einwohner: 500 000
Hauptstadt: von Sachsen
Lage: in Ostdeutschland
Sehenswürdigkeiten: die Frauenkirche, die Semperoper und der Zwinger

____

____

____

____

____

9. Schreiben Sie über eine Stadt in Ihrem Land.

____

____

____

____

____

Wortschatz

10. Wörter nach Themen lernen. Bitte sortieren Sie die Wörter aus dem Kasten.
Es gibt manchmal auch mehrere Möglichkeiten.

Technikerin Berg Lehrer Meer Heft Strand Regel Sonnenbaden Tourist Computer Restaurant Sekretärin Ruhe Controller Entspannung Programmierer arbeiten reisen Stress Buch Kurs üben Zeit Verb Spazierengehen Vokal fotografieren CD

Sonnenbaden

Einheit 5: Lebensmittel einkaufen

▶ 1 Mengen und Preise

1. Was passt?

Schokolade · Bier · Zwiebeln · Marmelade · Erbsen · Joghurt · Chips · Öl · Kartoffeln · Milch · Nudeln · Gummibärchen · Bohnen · Birnen · Wein · Quark · Fisch · Salami · Käse · Oliven

1. eine Packung ______

2. eine Tafel ______

3. ein Kasten ______

4. ein Beutel ______

5. ein Glas ______

6. eine Dose ______

7. ein Becher ______

8. eine Tüte ______

9. eine Flasche ______

10. ein Liter ______

11. ein Kilo(gramm) ______

12. ein Pfund (= 500 Gramm) ______

13. 100 Gramm ______

2. Suchen Sie 12 Wörter und ordnen Sie sie ein.

~~maToten~~ · nenBoh · belnZwie · felÄp · trauWeinben · saftfelAp · ralMiwasneser · genOran · kariPap · reiB · nieW · nenBir

Gemüse	Obst	Getränk

Tomaten	______	______
______	______	______
______	______	______
______	______	______

3. Schreiben Sie die Preise in Buchstaben.

Kilo Tomaten 2,99

Tüte Chips 1,49

Glas Marmelade 2,29

Tafel Schokolade 0,59

Kasten Mineralwasser 6,49

Becher Joghurt 0,59

1. *Ein Kasten Mineralwasser kostet sechs Euro neunundvierzig.*
2. ______
3. ______
4. ______
5. ______
6. ______

▶ 2 Einkaufen

4. Dialogpuzzle

Bitte • Ja, gerne. Noch etwas? • Gut, ist das alles? • Ja, ich möchte noch ein Kilo Kartoffeln. • Guten Tag, Sie wünschen, bitte? • Nein, ich brauche noch eine Flasche Cola und eine Tüte Gummibärchen. • Dann habe ich alles. • Ich hätte gern einen Liter Milch und ein Pfund Quark. • Danke, auf Wiedersehen. • Gut, das macht 5 Euro 30. • Danke auch. Auf Wiedersehen.

Guten Tag, Sie wünschen, bitte?

______

______

______

______

______

______

______

______

______

______

5. Bitte sortieren Sie und ergänzen Sie dann den Plural (wie in der Wortliste). Beispiel: *der Tag, -e*.

Name • Bild • Lehrer • Dose • Frage • Dialog • Freund • Zahl • Sprache • Problem • Öl
Hobby • Lösung • Monat • Getränk • Kurs • Land • Buch • Flasche • Partner • Rechnung
Antwort • Heft • Radio • Regel • Tag • CD • Kellner • Saft • Information • Auto

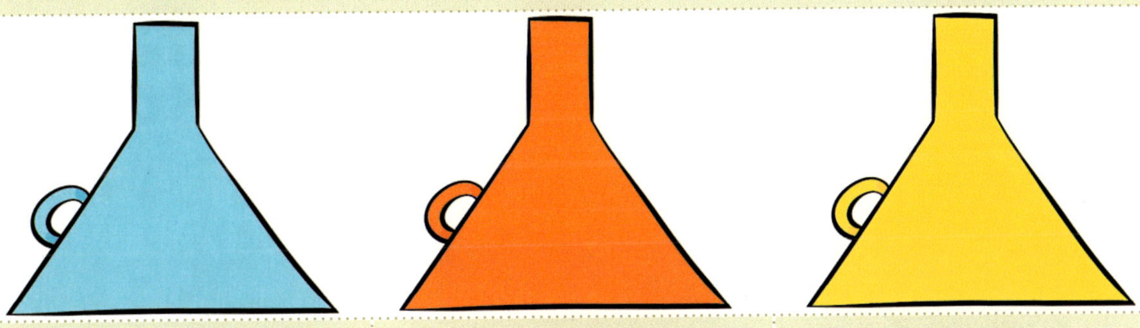

der/ein/kein	die/eine/keine	das/ein/kein

6. Wie heißt der Singular?

die Erbse, ____________________

____

____

____

Erbsen Weinflaschen
Sätze Äpfel Regeln
Wörter Länder Lehrer
Kartoffeln Gläser

7. **Ergänzen Sie die Verben und markieren Sie das Objekt (Akkusativ) im Satz.**

geben ergänze liest hören macht trinkt nehme möchtest bestellen

1. ____________ Sie mir bitte ein Wörterbuch.

2. ____________ Sie bitte den Dialog.

3. Tom ____________ den Text.

Ich ____________ die Regel und Lisa ____________ eine Tabelle.

4. Martin ________ einen Kaffee.

__________ du einen Tee?

Ich ________ eine Cola.

Gut, dann ____________ wir einen Kaffee, einen Tee und eine Cola.

8. **Ergänzen Sie den indefiniten Artikel im Akkusativ (einen, eine, ein, -).**

Sabine isst _______ Tomatensalat und _______ Brezel und trinkt ________ Wein.

Daniel isst _______ Gulaschsuppe, _______ Steak und _______ Pommes frites und trinkt _______ Bier. Dann bestellen Sabine und Daniel noch ___________ Kaffee.

Was nehmen Sie?

Ich esse ______________________________ und trinke ___________.

9. **Ergänzen Sie den definiten Artikel (den, die, das, die).**

1. Lesen Sie bitte _______ Dialog.

2. Verstehen Sie _______ Text?

3. Ich verstehe ________ Wort nicht.

4. Die Verben „essen" und „trinken" brauchen ________ Akkusativ.

5. Bitte schreiben Sie _______ Sätze.

6. Bitte machen Sie _______ Tabelle ins Heft.

7. Ergänzen Sie ________ Artikel.

der Artikel
der Dialog
das Wort
der Akkusativ
die Tabelle
der Satz
der Text

10. **Ergänzen Sie den Artikel im Nominativ (Subjekt) oder Akkusativ (Objekt).**

D_______ Kellner bringt d_______ Essen. D_______ Lehrerin liest d_______ Text.

D_______ Sekretärin schreibt d_______ Brief. D_______ Verkäufer gibt Frau Müller d_______ Tafel Schokolade.

Ich möchte k_______ Milch, ich brauche e_______ Kaffee. Nimmst du auch e_______ Kaffee?

▶ 6 Was essen Sie gerne?

11. **Üben Sie die Konjugation:** ***mögen.***

ich _____________ Gummibärchen

du _____________ Gummibärchen

er/sie/es/man _____________ Gummibärchen

wir _____________ Gummibärchen

ihr _____________ Gummibärchen

sie/Sie _____________ Gummibärchen

12. **Ergänzen Sie die Sätze.**

fragen, was jemand möchte:

Du	Sie
Was m_____________ du?	Was ______________________________?
T_____________ du ein Bier?	______________________________?
I__________ du ein Sandwich?	______________________________?

sagen, was man möchte:

Ich _____________ einen Apfelsaft.

Ich hätte ___________ eine Cola.

Ein Mineralwasser, ___________.

_____________ Sie Tomatensaft?

13. **Ergänzen Sie die Sätze:** ***finden, mögen.***

1. A: _____________ Sie Gummibärchen?

B: Nein, Gummibärchen _________ ich nicht. Ich _________ gerne Obst.

2. A: _____________ Sie Knoblauch?

B: Ja, Knoblauch _________ ich sehr, den ___________ ich phantastisch!

3. A: Wie ___________ du Sauerkraut?

B: Oh, das _________ ich gar nicht. Ich ___________ es ekelhaft.

Einheit 6: Freizeitaktivitäten

▶ 1 Uhrzeiten

1. Ergänzen Sie die Fragewörter. Die Wörter unten helfen Ihnen.

1. ______________ Uhr ist es jetzt?
   ______________ fängt der Kurs an?
   ______________ Uhr ist der Kurs zu Ende?
2. ______________ spät ist es?
   ______________ kommt Monika?
   ______________ Uhr treffen wir uns am Institut?

wann
wann
wie
wie viel
um wie viel
um wie viel

2. Wie viel Uhr ist es?

a) Ergänzen Sie die Uhrzeit in der Umgangssprache und die offizielle Uhrzeit.

1. Es ist zehn nach zehn.
   Es ist 10.10 Uhr. / Es ist 22.10 Uhr.

2. Es ist ______________
   Es ist ______________

3. ______________
   ____

4. ______________
   ____

5. ______________
   ____

6. ______________
   ____

7. ______________
   ____

8. ______________
   ____

b) Lesen Sie die Uhrzeiten laut.

3. Ergänzen Sie die Antworten mit den Uhrzeiten in der Umgangssprache .

1. Wie viel Uhr ist es?
   13.00: ______________
2. Wann fängt der Unterricht an?
   13.30: Um ______________
3. Wann kommst du nach Hause?
   17.15: Ich komme ______________
4. Wann treffen wir uns?
   18.30: ______________

4. **Eine Verabredung. Ergänzen Sie den Dialog. Die Dialoggrafik hilft.**

Dialoggrafik	Dialog
A: Morgen Abend/Kino?	**A:** *Kommst du morgen Abend mit ins Kino?*
B: gerne/was?	**B:** ______
A: Name Film	**A:** *„Troja"*
B: prima/treffen/wann?	**B:** ______
A: 19.45 Uhr/am Kino	**A:** ______
B: o.k.	**B:** ______

5. **Dialogpuzzle. Bitte schreiben Sie einen Dialog.**

Ich gehe heute Abend aus. Kommst du mit? • O.k., also dann bis später. •
Zum Beispiel ins „La Bella" und danach in die Disco. • Ja, gerne, wohin denn? • Alles klar. Tschüss. •
Prima. Wann und wo treffen wir uns? • Ich komme um kurz vor acht vorbei.

a) **A:** ______

B: ______

A: ______

B: ______

A: ______

B: ______

A: ______

Heute, das geht leider nicht. • Hallo Doris, heute läuft .... im Kino. Kommst du mit? •
Hm, schade, na dann bis bald. • Tschüss. • Morgen geht es leider auch nicht. • Und morgen?

b) **A:** ______

______

B: ______

A: ______

B: ______

A: ______

B: ______

6. Was passt? *genau – gleich – kurz vor – kurz nach – Punkt*

Es ist ______________________ Es ist ______________________ ______________________

______________________ ______________________ ______________________

7. Bitte ergänzen Sie *nach – vor – um – von … bis.*

A: Wie spät ist es denn?

B: Viertel ________ neun.

A: Und ________ wie viel Uhr beginnt der Unterricht?

B: ________ neun. Aber manchmal fangen wir erst um Viertel ________ neun an.

A: Wann ist Pause?

B: Pause ist ________ halb elf ________ elf.

A: Und wann ist der Unterricht zu Ende?

B: ________ zwölf Uhr, aber wir machen manchmal ein bisschen länger, bis Viertel ________ zwölf.

▶ 3 Trennbare Verben

8. Trennbare Verben – Markieren Sie die Verben wie im Beispiel und schreiben Sie die Infinitive auf.

1. aus | gehen — Ich gehe morgen mit Anita aus.
2. Kommst du mit? Wir gehen ins „Orfeo".
3. Wann fängt der Film an?
4. Und wann hört er auf?
5. Ich rufe morgen noch einmal an.
6. Fällt morgen der Unterricht aus?
7. Nein, morgen findet der Unterricht statt, am Freitag fällt er aus.
8. Was passt zusammen?
9. Bitte sprechen Sie nach.
10. Sehen Sie die Dialoggrafik an.

9. Welche Wörter kennen Sie?

an *anbieten*

ein

auf

aus

mit

wählen	sprechen
sehen	kreuzen
hören	kaufen
fallen	laden
bringen	sammeln
fahren	ordnen
gehen	tragen
schreiben	teilen
rufen	probieren
stehen	machen
bieten	lesen
fangen	wachsen
schauen	füllen
kommen	nehmen

10. Wählen Sie acht Verben aus und schreiben Sie für jedes Verb einen Beispielsatz. Korrigieren Sie die Sätze im Kurs.

► 4 Die Woche

11. Schreiben Sie die Sätze um und achten Sie auf die Position des Verbs.

1. Er spielt am Montag Tischtennis.

   Am Montag spielt er Tischtennis.

2. Er geht am Dienstag zum Deutschkurs.

   Am Dienstag ______________________.

3. Er spielt am Mittwochabend mit seinen Freunden Poker.

   Am Mittwochabend ______________________.

4. Er hat am Donnerstag wieder Deutschkurs.

   Am ______________________.

5. Er geht am Freitag und Samstag Abend gerne aus.

   Am ______________________.

► 5 Hobbys

12. Was passt?

spielen: Skat, ______________________

machen: Yoga, ______________________

fahren: Fahrrad, ______________________

13. Suchrätsel. Suchen Sie 11 Wörter zum Thema Freizeit, lesen Sie sie laut und ordnen Sie sie nach dem Wortakzent in die Tabelle ein.

G	H	B	A	L	L	S	P	O	R	T	K	A
T	I	S	C	H	T	E	N	N	I	S	U	F
E	N	E	E	H	E	I	I	F	M	O	J	A
M	O	T	O	R	B	O	O	T	T	E	G	H
T	E	B	N	F	V	U	M	F	U	S	R	R
G	B	R	I	E	F	M	A	R	K	E	N	R
I	S	P	I	E	L	K	A	R	T	E	N	A
T	T	I	Z	I	J	U	D	O	C	N	T	D
A	H	U	I	L	U	Q	W	O	T	M	Y	S
R	E	C	R	A	B	X	A	R	X	N	O	K
R	A	R	K	P	K	A	R	A	T	E	G	E
E	T	U	U	C	S	Y	S	L	O	O	A	A
O	E	U	S	C	M	U	S	E	U	M	O	Y
L	R	J	S	D	I	S	C	O	P	K	L	E

• –	– • –	• – –
Zir-kus	Ka-ra-te	Tisch-ten-nis
________	________	________
________	________	________
________	________	________
________		
________		

• betonte Silbe
– unbetonte Silbe

▶ 6 Personalpronomen Akkusativ

14. **Ergänzen Sie die Personalpronomen im Akkusativ** ***ihn, sie, es, sie.***

1. **Frau:** Ich nehme eine Tomatensuppe!
   Kellner: Eine Tomatensuppe? Ich bringe _______ sofort.
2. **Frau:** Bitte bringen Sie noch ein Steak!
   Kellner: Ein Steak? Ja, gerne. Ich bringe _______ sofort.
3. **Frau:** Ich habe keine Pommes!
   Kellner: Oh, Entschuldigung, ich habe ________ vergessen.
4. **Frau:** Bitte noch einen Tee!
   Kellner: Einen Tee? Einen Moment bitte, ich bringe ________ gleich.
5. **Frau:** Ich möchte Milch für den Tee!
   Kellner: Milch? Ich bringe _______ sofort.
6. **Frau:** Ich habe keinen Zucker!
   Kellner: Oh, ich habe ________ vergessen. Einen Moment bitte.
7. **Frau:** Die Rechnung, bitte!
   Kellner: Sehr gerne. Ich bringe _______ Ihnen sofort!

15. **Schreiben Sie eine Antwort auf den Liebesbrief von Frank (Kursbuch E6/6.2).**

Lieber Frank,

____

____

____

____

____

Einheit 7: Familie und Verwandtschaft

▶ 1 Meine Familie

1. Ein Familienfoto von Lore Bertuch (80 Jahre) – Schreiben Sie die Satzanfänge in die passenden Sprechblasen wie im Beispiel.

Vorne links steht meine Mutter, Elfriede.

______ sitzt mein Großvater, Friedrich Wilhelm.

______ stehen meine Cousinen Christa und Berta.

______ bin ich.

Der Junge ______ ist mein Bruder Wilhelm.

______, das ist meine Tante Eleonore.

~~vorne links~~	Hinten in der Mitte
Vorne in der Mitte	vorne rechts
Hinten links und rechts	
Vorne rechts	

▶ 2 Possessivbegleiter im Nominativ: *mein, dein, …*

2. **Wiederholung – Kennen Sie die Artikel? Schreiben Sie die Nomen in die Tabelle.**

Antwort • Arbeit • Auto • Baby • Bleistift • Brief • Buch • CD • Computer • Deutschkurs • Familie • Foto • Frage • Garten • Haus • Heft • Hobby • Instrument • Kaffee • Kassette • Kuli • Lehrerin • Name • Nachbar • Radio • Telefonnummer • Zeitung

der/ein/kein/ **mein/sein/ihr...**	das/ein/kein/ **mein/sein/ihr...**	die/eine/keine/ **meine/seine/ihre...**

3. **Possessivbegleiter *sein, seine, ihr, ihre***

______ Name ist Tobias.

______ Hobby ist Fußball.

______ Freund heißt Sascha.

Das ist ______ Fahrrad.

Das sind ______ Bücher und

______ CDs.

Er hat eine Schwester.

______ Schwester heißt Lea.

______ Name ist Lea.

______ Hobby ist Reiten.

______ Freundin heißt Jasmin.

Das ist ______ Fahrrad.

Das sind ______ Bücher und

______ CDs.

Sie hat einen Bruder.

______ Bruder heißt Tobias.

Tobias und Lea sind Geschwister.

Das sind ____________ Eltern.

____________ Mutter heißt Barbara,

____________ Vater heißt Stefan.

Das ist ____________ Haus und ____________ Garten.

4. Possessivbegleiter – Ergänzen Sie bitte.

1. M__________ Vater ist 80 Jahre alt. S__________ Schwester ist auch schon 75.

   I__________ Tochter ist m____________ Cousine Anne.

   U____________ Familie kommt aus Norddeutschland.

2. M__________ Wohnung ist klein, aber schön.

3. – Peter und Lisa, ist das e__________ Zeitung?

   \+ Nein, das ist nicht u____________.

4. – Ist d__________ Telefonnummer 892167?

   \+ Nein, m____________ ist 892168.

► 4 Possessivbegleiter im Akkusativ

5. Der Nein-Sager: Hier ist sein Text und die Antwort des neuen Freundes der Ex-Freundin. Ergänzen Sie die Posssessivbegleiter.

Nein-Typ: Ich habe kein Glück. Ich habe kein Geld, keinen Computer

und keine Freundin. Ich habe nur m_______ Wohnung, m_______ Fernseher

und m________ Mutter. Und m________ Probleme. Aber du hast jetzt auch Probleme.

Du hast jetzt m________ Freundin, i_______ Computer und m______ Geld.

D_______ Probleme möchte ich auch nicht haben.

Neuer Freund: M_______ lieber Freund. Du hast Recht: Ich liebe d_______ Ex-Freundin

und ich wohne in ihrer Wohnung. Ich finde i________ Computer prima.

Aber ich habe keine Probleme und brauche d________ Geld nicht.

6. **Nominativ oder Akkusativ? Ergänzen Sie die Possessivbegleiter.**

1. Hast du m__________ Kuli? – Nein, das ist m_______ Kuli

2. Hast du u_______ Handy? – Ja, hier ist u______ Handy.

3. Ist das e______ Rechnung? – Nein, wir haben e______ Rechnung.

4. Möchtest du m______ Bier? – Nein danke, m______ Bier kommt jetzt.

5. Siehst du m________ Mann auf dem Foto? – Ja, und hier ist m_____ Mann.

7. **Zusammenfassung: Nominativ und Akkusativ – Nur im Maskulinum ändert sich etwas. Ergänzen Sie die Tabelle.**

Nominativ	Akkusativ
der Mann	den Mann
ein Mann	____________
kein Mann	____________
dieser Mann	____________
welcher Mann	____________
mein, dein, sein Mann	____________

▶ 5 Thema Familie: Bilder und Texte

8. **Familie in Deutschland – Bitte ergänzen Sie den Text. Zu schwer? Die Wörter unten helfen Ihnen.**

In Deutschland gibt es ____________________ Kinder. Junge Menschen in Deutschland heiraten weniger und haben weniger Kinder ____________________. ____________________ hat jede Frau in Deutschland 1,36 Kinder und nur wenige Frauen haben 3 und mehr Kinder. ____________________ gibt es mehr Kinder als in der Stadt. In der Stadt wohnen mehr Menschen alleine. Etwa ____________________ der Ehepaare lassen sich wieder scheiden.

als früher	Auf dem Land	die Hälfte	immer weniger	Im Schnitt

9. Verben wiederholen - Suchen Sie 12 Verben und ordnen Sie sie ein.

p	l	s	p	i	e	l	e	n	k	l	ö	z	e
t	r	i	n	k	e	n	x	a	s	f	l	m	r
e	i	n	k	a	u	f	e	n	x	r	z	ü	k
m	b	g	b	c	e	a	g	h	l	a	ü	t	l
u	b	e	t	o	n	e	n	u	o	g	l	a	ä
w	q	n	e	o	z	s	a	m	m	e	l	n	r
s	s	m	r	u	a	s	i	o	v	n	p	z	e
a	u	s	g	e	h	e	n	j	o	k	ä	e	n
i	f	f	ä	d	l	n	f	t	r	i	u	n	p
r	e	t	n	b	e	s	t	e	l	l	e	n	o
t	q	a	z	d	n	v	b	u	e	i	u	o	p
w	q	ü	e	p	o	u	h	g	s	t	ü	p	ü
u	t	a	n	k	r	e	u	z	e	n	i	o	q
l	u	l	i	z	t	r	a	c	n	g	u	h	b

Im Café	Sprachen lernen	Freizeit

trinken	*erklären*	*einkaufen*
		sammeln

10. Wählen Sie 6 Verben aus und schreiben Sie einen Beispielsatz.

Einheit 8: Kleider machen Leute

▶ 1 Kleidung und Farbe

1. Kennen Sie noch die Familie von Susanne? Beschreiben Sie ihre Kleidung wie im Beispiel.

Markus: Sein Hemd ist rot und langärmlig, es ist aus Baumwolle. Sein T-Shirt ist schwarz. Seine Kleidung ist modisch.

Susanne: ______

Florian: ______

Stefan: ______

Thomas: ______

Regina: ______

Walter: ______

Katharina: ______

Ulla: ______

Petra: ______

▶ 2 Welch- / *dies-* im Nominativ

2. Was passt zu mir? Ergänzen Sie *welcher, welches, welche* und *dieser, dieses, diese.*

1. – Welche ______ Hose?
   + Diese ______.
2. – ______ Hemd?
   + ______.
3. – ______ Jacke?
   + ______.
4. – ______ Strümpfe?
   + ______.
5. – ______ Hut?
   + ______.

▶ 3 Gespräche im Kaufhaus

3. Dialogpuzzle – Schreiben Sie einen Dialog.

Guten Tag, kann ich helfen? • Die Kasse ist hier rechts. • Diese Bluse in Blau finde ich gut. • Ja, gerne. Kommen Sie doch bitte mit. Hier sind Blusen und da sind T-Shirts. • Ja, probieren Sie sie doch einmal an. Die Umkleidekabinen sind da hinten links. • ... Die Farbe ist gut, die sitzt gut. Die nehme ich. Wo ist die Kasse? • Ja, ich suche ein T-Shirt oder eine Bluse.

V: Guten Tag, kann ich helfen? ______

K: ______

V: ______

K: ______

V: ______

K: ______

V: ______

4. **Wie heißt das Gegenteil?**

Eine Hose ist zu klein – ____________ zu lang – ____________

zu weit – ____________ zu leicht – ____________

5. **Ergänzen Sie die Verben in der richtigen Form.**

aussehen • anprobieren • passen • finden

1. – ____________ die Hose?
   + Nein, die ist zu eng.
2. – Wie ____________ du die Bluse?
   + Ich ____________ die Bluse klasse!
3. – Wie ist die Jeans?
   + Die ____________ super ________!
4. ____________ Sie das Kleid doch einmal ________.
   Hier ist die Umkleidekabine.

▶ 4 Orientierung im Kaufhaus

6. **Schreiben Sie die passenden Begriffe zu den Zeichnungen.**

geradeaus
links
rechts
die Treppe rauf
die Treppe runter

____________ ____________ ____________

____________ ____________ ____________

7. Was ist das? Schreiben Sie die Wörter zu den Buchstaben im Bild. Beschreiben Sie dann die Räume.

1. Stock • Cafeteria • Erdgeschoss • 2. Stock • Computerraum • Sekretariat • Mediothek • Lehrerzimmer

Wo?

Neben *der Treppe ist der Aufzug.*

Im ______

Im ______

Neben ______

Neben ______

Im ______

Im ______

In ______

Im ______

8. Sie sind in der Cafeteria im 1. Stock. Schreiben Sie die fehlenden Dialogteile.

1. – Entschuldigung, ich suche den Direktor.

\+ ______

2. – Gibt es hier auch eine Mediothek?

\+ ______

3. – Entschuldigung, wo ist der Computerraum?

+ ____

4. – Bitte, ich suche die Toilette.

+ ____

5. – Entschuldigung, wo finde ich hier ein Wörterbuch Deutsch-Koreanisch?

+ ____

6. – ____

+ Gehen Sie eine Treppe runter. Das Sekretariat ist im Erdgeschoss.

7. – Entschuldigung, wo ist das Lehrerzimmer?

+ ____

8. – ____

+ Ja, im Sekretariat gibt es ein Telefon. Die Treppe runter und dann links.

9. – Gibt es hier einen Fahrstuhl?

+ ____

▶ 5 Wo ist/steht/hängt/liegt ... ?

9. **Was passt? Schreiben Sie die Wörter in die Zeichnung.**

auf dem Tisch • an der Wand • über dem Tisch • hinter dem Bild • in der Tasche • neben dem Stuhl • zwischen den Büchern • unter dem Tisch

10. Wissen Sie die Artikel und den Plural?

_______ Tisch, ___

_______ Kommode, ___

_______ Buch, ___

_______ Pullover, ___

_______ Hemd, ___

_______ Tasche, ___

_______ Wand, ___

_______ Tür, ___

_______ Radio, ___

_______ Stuhl, ___

11. Wo ist mein Schlüssel? Bitte ergänzen Sie *dem, der, den*.

Ist er auf _______ Tisch? Nein. Unter _______ Stuhl?

Nein, da liegt er auch nicht. Vielleicht ist er in _______ Kommode?

Oder zwischen _______ Büchern? Ist er unter ______ Pullover,

unter ______ Hemd oder in ______ Tasche? Oder hängt er

an ______ Wand neben ______ Tür? Vielleicht ist er

hinter ______ Radio? Oh nein, da ist er auch nicht.

Jetzt ist er weg!

Suchst du deinen Schlüssel? Der ist doch i______ Auto.

12. Was passt? Schreiben Sie Sätze.

- Das Buch
- Die Hose
- Mein Kuli
- Das Foto
- Meine Tante
- Dein Kaffee

- steht
- liegt
- hängt

- im Regal
- im Schrank
- auf dem Tisch
- an der Wand
- im Garten

▶ 6 Farben interkulturell

13. Farbvergleiche – Ergänzen Sie. Schwer? Die Wörter unten helfen Ihnen.

Das Kleid ist weiß wie ______________.

Seine Augen sind ______________ wie das Meer.

Ihre Haare sind schwarz wie die ______________.

Er ist ______________ vor Neid.

Sie ist rot vor ______________.

Es geht ihm schlecht. Er sieht alles ______________.

Sie sind verliebt. Sie sehen alles ______________.

Er fährt ______________.

Er macht ______________.

Sie ist ______________.

blau • grün • Nacht • rosa • Schnee • schwarz • Zorn

Einheit 9: Orientierung

▶ 1 nach dem Weg fragen/einenWeg beschreiben

1. Bitte ergänzen Sie.

über den	die … entlang	über die	in die	bis zum	über die

1. Gehen Sie ________ Goethestraße ____________.

2. Gehen Sie __________ __________ Kantstraße.

3. Gehen Sie __________ __________ Domplatz.

4. Gehen Sie __________ ____________ Museum.

5. Gehen Sie ___________ _________ Alte Brücke.

6. Gehen Sie links ______ _________ Schillerstraße.

2. Wohin gehen Sie?
a) Bitte ergänzen Sie.

Café • Disco • Konzert • Haus • Garten • Fahrstuhl • Erdgeschoss • Wohnung • Bibliothek • Internet • Hotel • Kaufhaus • Schule • Theater • 1. Stock

Ich gehe

in den ______________________

in den ______________________

in den ______________________

in die ______________________

in die ______________________

in die ______________________

in die ______________________

ins ______________________

ins ______________________

ins ______________________

ins ______________________

ins ______________________

ins ______________________

ins ______________________

ins ______________________

b) Lesen Sie die Sätze laut.

3. Wo sind Sie?
a) Bitte ergänzen Sie.

Café • Disco • Konzert • Haus • Garten • Fahrstuhl • Erdgeschoss • Wohnung • Bibliothek • Internet • Hotel • Kaufhaus • Schule • Theater • 1. Stock

Ich bin

im ______________________

im ______________________

im ______________________

im ______________________

im ______________________

im ______________________

im ______________________

im ______________________

im ______________________

im ______________________

im ______________________

in der ______________________

in der ______________________

in der ______________________

in der ______________________

b) Bitte lesen Sie die Sätze laut.

▶ 3 In Frankfurt im Zoo

4. Wie heißt die Frage : wo oder wohin?

Wohin ________ wirfst du das Papier? – In den Papierkorb.

________ legst du das Buch? – Auf den Tisch.

________ steht die Grammatikregel? –
In der Grammatikübersicht auf Seite 105.

________ stellst du das Buch? – Ins Regal.

________ stellst du die Tasche? – Unter den Tisch.

________ sind denn meine Kopien? – Auf dem Tisch.

________ hängt meine Jacke? – Neben der Tür.

________ hängst du deine Jacke? –
Neben die Tür, neben deine Jacke.

________ liegt mein Kuli? – Unter der Kopie.

▶ 4 Aufforderung, Bitte und Rat: der Imperativ

**5. Arbeitsanweisungen im Unterricht: Was sagt der Lehrer? Was sagen die Lerner?
Bitte schreiben Sie die Sätze.**

~~vorlesen~~ • den Satz schreiben • die Frage wiederholen • die Regel erklären • mitschreiben • den Dialog mit dem Partner üben • das Lied hören • mitsingen • langsamer sprechen • den Rhythmus klatschen

Bitte lesen Sie vor. (Lehrer)

____

____

____

____

____

____

____

____

____

____

6. **Imperativ 2. Person Singular: Ergänzen Sie die Tabelle.**

gehen	du gehst	geh!
arbeiten		
kommen		
einladen		
fahren		
sprechen		
sein		

7. **Ihr Freund hat viele Probleme. Geben Sie Ihrem Freund Ratschläge. Sie können selbst antworten oder die Elemente verwenden.**

in Urlaub fahren • zum Essen einladen • mit der Lehrerin sprechen • mit Lernkarten arbeiten • ~~mal ins Kino gehen~~ • viel mit Deutschen sprechen

1. Ich habe keine Lust zum Lernen. Dann geh doch mal ins Kino!
2. Ich vergesse alle Wörter. ______
3. Ich möchte Alice kennen lernen. ______
4. Ich finde den Unterricht langweilig. ______
5. Ich habe keine Zeit zum Lesen. ______
6. Ich habe Probleme mit dem Hörverstehen. ______
7. Ich bin nur noch müde und kaputt. ______

▶ 5 Wo ist der Bahnhof?

8. **Bitte ergänzen Sie. Schwer? Die Wörter helfen Ihnen.**

geht es hier • ist • komme • suche

1. Entschuldigung, wie ______ ich zum Bahnhof? Gehen Sie hier über die Brücke und dann gleich rechts.
2. Entschuldigung, ich ______ die Pauskirche.

   Fahren Sie mit der U-Bahn bis zur Hauptwache und fragen Sie dann dort noch einmal.
3. Verzeihung, wo ______ der Messeturm?

   Gehen Sie hier links die Straße immer weiter geradeaus. In 5 Minuten sind Sie am Messeturm.
4. Verzeihung, wo ______ zum Museum für Moderne Kunst?

   Gehen Sie die erste Straße rechts und dann immer geradeaus. Dann sehen Sie das Museum schon.

9. Sie sind an der Hauptwache und möchten auf den Römerberg. Bitte schreiben Sie einen Dialog.

A: Verzeihung, …

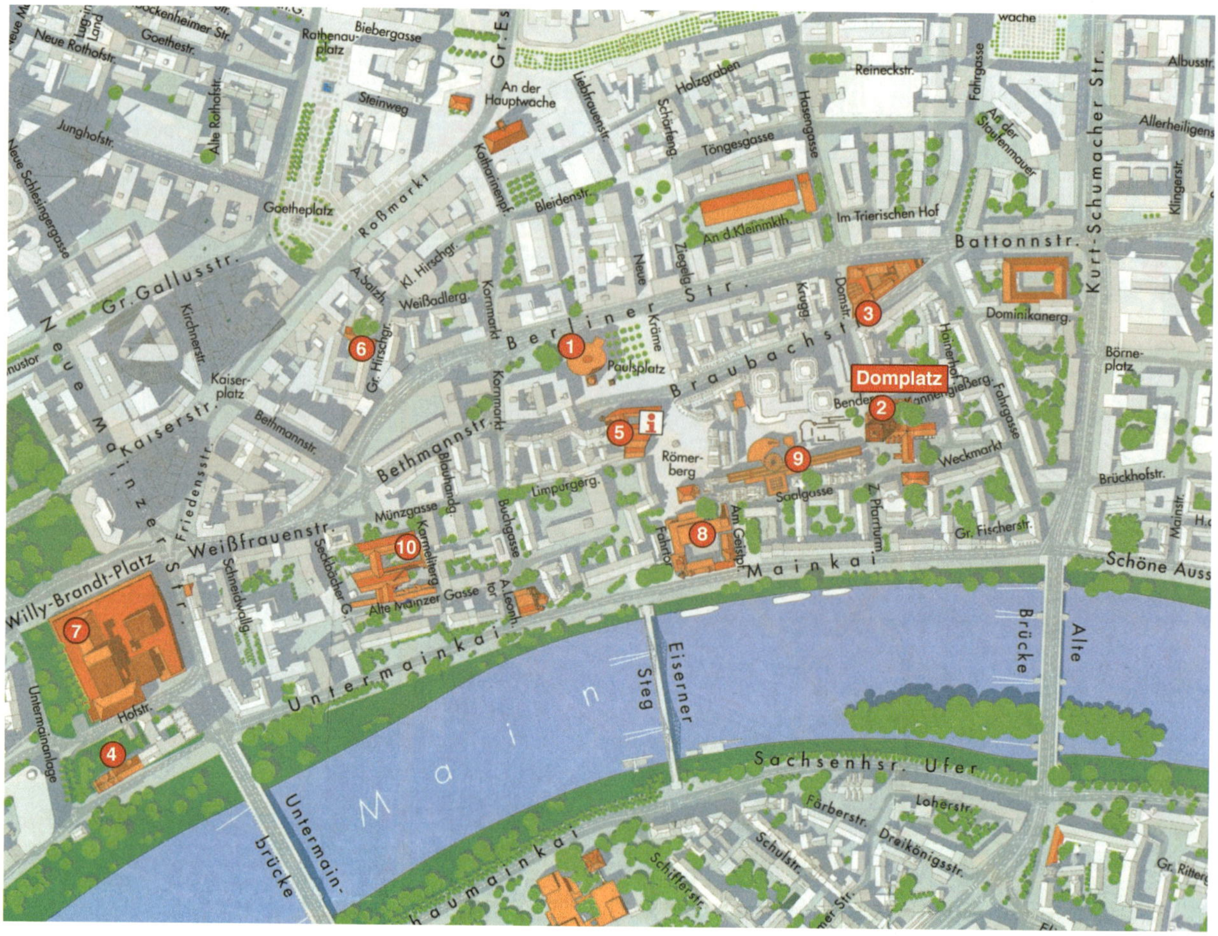

Wortschatz

10. Wie heißt das Gegenteil?

alt • ruhig • langweilig • hässlich • historisch • niedrig

neu ≠ *alt* ______________________

hoch ≠ ______________________

laut ≠ ______________________

schön ≠ ______________________

interessant ≠ ______________________

modern ≠ ______________________

Einheit 10: Von morgens bis abends

▶ 1 Männerberufe – Frauenberufe

1. Bitte ergänzen Sie die Tabelle.

♀	♂
	Informatiker
	Arzt
LehrerIn	
Köchin	
	Hausmann
	Bürokaufmann
	Verkäufer
Krankenschwester	

▶ 2 Tagesabläufe

2. Der Arbeitstag von Frau Böhler. Bitte schreiben Sie Sätze.

1. ______________________________
(Um sieben Uhr: aufstehen)

2. ______________________________
(Um acht Uhr: frühstücken)

3. ______________________________
(Um kurz nach acht: aus dem Haus gehen)

4. ______________________________
(Um neun Uhr: mit der Arbeit beginnen)

5. ______________________________
(Briefe schreiben und telefonieren)

6. ______________________________
(Von halb eins bis eins: Mittagspause machen)

7. ______________________________
(Nachmittags: wieder am Computer arbeiten)

8. ______________________________
(Um halb sieben: nach Hause gehen)

9. ______________________________
(Manchmal: ins Fitness-Studio gehen oder fernsehen)

3. **Bitte ergänzen Sie die Tabelle.**

	können	müssen	dürfen
ich			
du			
er/sie/es/man			
wir			
ihr			
sie/Sie			

4. **Was passt? Bitte ergänzen Sie die Modalverben und beantworten Sie die Fragen.**

1. Können Sie Auto fahren? (Fähigkeit)

____

2. _______ Sie jeden Tag arbeiten? (Notwendigkeit)

____

3. _______ man bei Ihnen rauchen? (Erlaubnis)

____

4. _______ Sie gut am Computer lernen? (Möglichkeit)

____

5. _______ man bei Ihnen im Haus laute Musik hören? (Erlaubnis)

____

6. _______ Sie jeden Morgen um sechs aufstehen? (Notwendigkeit)

____

7. _______ Kinder in Ihrer Straße spielen? (Möglichkeit)

____

8. _______ man bei Ihnen zu Hause nach 10 Uhr abends baden? (Erlaubnis)

____

9. Mit wie viel Jahren _______ man in Ihrem Land Auto fahren? (Erlaubnis)

____

5. **Modalverben mit Verneinung – Ergänzen Sie die passenden Modalverben.**

1. Mein Sohn _kann_ noch nicht lesen. Er ist erst drei. (Unfähigkeit)

2. Diesen Brief __________ du heute noch nicht schreiben. (nicht notwendig)

3. Ihr __________ in der Schule nicht rauchen. (Verbot)

4. Wir __________ morgen noch nicht in Urlaub fahren. (Unmöglichkeit)

5. Man __________ in Deutschland nicht mit 16 Auto fahren. (Verbot)

6. Meine Tochter __________ heute nicht kommen. Sie ist krank. (Unmöglichkeit)

7. Sie __________ nicht jede Übung in diesem Buch machen. (nicht notwendig)

8. Ich __________ leider nicht gut kochen. (Unfähigkeit)

▶ 4 Der Satzexpress – Modalverben und Infinitiv

6. **Bitte tragen Sie die Sätze und Fragen in den Satzexpress ein.**

Am Wochenende muss ich nicht früh aufstehen.

Wir können jetzt sofort anfangen.

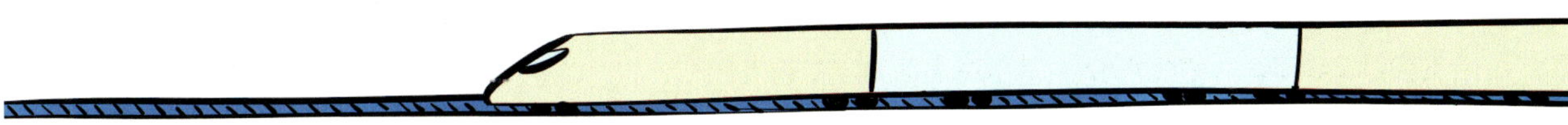

Darf ich hier parken?

Kannst du mir mal helfen?

Wann können Sie kommen?

Bis wann müsst ihr arbeiten?

7. Was passt nicht?

1. Elektriker – Bäcker – ~~Gast~~ – Hausfrau
2. Sekunde – Stunde – Meter – Minute
3. fliegen – starten – landen – laufen
4. Patient – Kunde – Krankenschwester – Ärztin
5. Geschäft – Kunde – Verkäufer – Gast

8. Silbenrätsel

bie dür fach fen frau Ge Gi grü Ho liebt re schenk sel ßen Werk tar tel ten ten ver ver zeug

1. zum Arbeiten braucht man _ _ _ _ _ _ _ _
2. Sie arbeitet an der Rezeption: _ _ _ _ _ _ _ _ _ _ _ _ _
3. Zu einer Geburtstagsfeier bringt man meistens ein _ _ _ _ _ _ _ _ mit.
4. Modalverb für „Erlaubnis“ und „Verbot“: _ _ _ _ _ _
5. Nicht oft: _ _ _ _ _ _
6. Nicht erlauben: _ _ _ _ _ _ _ _ _
7. Tim flirtet mit Anna, ich glaube, er ist in Anna _ _ _ _ _ _ _ _ _
8. Musikinstrument: _ _ _ _ _ _ _
9. „Guten Tag“ sagen : _ _ _ _ _ _

Lösungswort: _ _ _ _ _ _ _ _ _

Einheit 11: … einmal durch das Jahr

▶ 1 4 Jahreszeiten, 12 Monate, 52 Wochen = 365 Tage

1. Monate und Jahreszeiten.
a) Ordnen Sie die Monatsnamen.

April • August • Dezember • Februar • Januar • Juli • Juni • ~~März~~ • Mai • Oktober • September • November

Frühling

März

Sommer

Herbst

Winter

b) Markieren Sie den Wortakzent und lesen Sie die Monatsnamen laut.

▶ 2 Ordinalzahlen und Daten

2. Gedenk- und Feiertage in der ganzen Welt. Schreiben Sie bitte die Daten in Worten.

1. Am _ersten Januar_ (1. 1.) feiert man in den meisten Ländern der Welt Neujahr.
2. In Russland feiert man den „Internationalen Frauentag" am ______ ______ (8. 3.).
3. Am ______ ______ (1. 5.) feiert man in vielen Ländern den „Tag der Arbeit".
4. Der Geburtstag des Propheten am ______ ______ (26. 6.) ist in vielen islamischen Ländern ein Feiertag.
5. Der ______ ______ (14. 7.) ist der französische Nationalfeiertag (Sturm auf die Bastille).
6. Der „Hiroshima-Tag" in Japan ist am ______ ______ (6. 8.).
7. Am ______ ______ (20. 9.) ist der „Weltkindertag".
8. „Halloween" feiert man in den USA am ______ ______ (31. 10.)
9. Der ______ ______ (6. 12.) , „Nikolaus", ist für deutsche Kinder ein wichtiger Tag.
10. Am ______ ______ (10. 12.) ist der „Internationale Tag der Menschenrechte".

3. Schreiben Sie die Fragen.

Wann • Wann • An welchem Tag ist • Welcher Tag • Um wie viel Uhr

1. _Wann_ beginnen die Sommerferien?
2. ______ fängt der Film an?
3. ______ dieses Jahr Weihnachten?
4. ______ hast du Geburtstag?
5. ______ ist heute?

4. Schreiben Sie die Antworten zu den Fragen in 3.

1. _Die Sommerferien beginnen am 22. (zweiundzwanzigsten) Juli._
2. ______
3. ______
4. ______
5. ______

5. **Bitte ergänzen Sie: seit – am**

1. Wir gehen__________ Samstag ins Kino, kommst du mit?

2. Ich bin schon __________ 5 Jahren in Frankfurt.

3. Wie lange kennst du ihn schon? – __________ letztem Wochenende.

4. Wann fährst du in Urlaub? __________ 3. Juli.

5. Wie lange seid ihr schon verheiratet? – __________ 25 Jahren.

▶ 4 Einladungen annehmen/ablehnen

6. **Eine Einladung schreiben. Ordnen Sie die Sätze und schreiben Sie einen Text.**

am 23. Juli habe ich Geburtstag. Ich werde 29. • Es beginnt um 20 Uhr. • Es ist mein letzter Geburtstag als „Zwanziger". • Die Getränke kaufe ich alle ein. • Ich mache ein großes Fest am Samstag, den 26. Juli bei mir zu Hause • Kannst du einen Salat mitbringen? • Sag mir bitte bis zum 20. Juli Bescheid • ~~Liebe Fabiane~~, • Liebe Grüße • Uli • Heidelberg, den 10. Juli

Liebe Fabiane,

7. **Schreiben Sie eine Antwort an Uli. Sie können die Einladung annehmen oder ablehnen. Brauchen Sie Hilfe? Die folgenden Sätze geben Ihnen Ideen.**

Vielen Dank für die Einladung • Ich fahre nächste Woche in Urlaub und komme erst am 26. Juli zurück. • Ich komme gern. • Leider kann ich nicht kommen. • Im August habe ich Examen. • Kann ich jemand mitbringen? Er heißt Jens. • Liebe Grüße • Lieber Uli,

______________________ ______________________

____

____

____

____

____

____

____

Wortschatz

8. **Bitte ergänzen Sie. Schwer? Die Wörter unten helfen Ihnen.**

1. Zum Geburtstag wünscht man ____________ Glückwunsch!
2. Ein Jahr hat 12 ____________.
3. An Weihnachten wünscht man ____________ Weihnachten.
4. An Silvester wünscht man sich um Mitternacht ____________ Neujahr.
5. Frühling, Sommer, Herbst und Winter sind die vier ____________.
6. Der 3. Oktober ist in Deutschland ein ____________.

Feiertag • frohe • herzlichen • Jahreszeiten • Monate • Prost

9. **Wiederholung: Zeit, Uhr, Stunde ... Ergänzen Sie die Wörter in den Sätzen.**

1. Wir haben heute fünf ____________ Unterricht.
2. – Können Sie mir bitte sagen, wie viel ____________ es ist?
   \+ Tut mir Leid, ich habe keine ____________ dabei.
3. So ein Mist! Nie habe ich ____________ fürs Kino oder Theater.
   Ich arbeite zehn ____________ am Tag und komme meistens erst um neun ____________ abends nach Hause.
4. Ich habe zum Geburtstag zwei ____________ bekommen.

Einheit 12: Lebensläufe

▶ 2 Perfekt mit *haben* – regelmäßige Verben

1. Bitte ergänzen Sie die Tabelle.

Infinitiv	Partizip II	Infinitiv	Partizip II
wohnen			gekostet
arbeiten		zahlen	
	gemacht		gezählt
leben		zuhören	
fragen		ausfüllen	
antworten			angekreuzt
spielen		anschauen	
lernen		auswählen	
	gewartet		nachgefragt
kaufen		einkaufen	

2. Noch einmal der Satzexpress – Bitte schreiben Sie die Sätze in den Satzexpress.

1. Er hat das erste Auto gebaut.

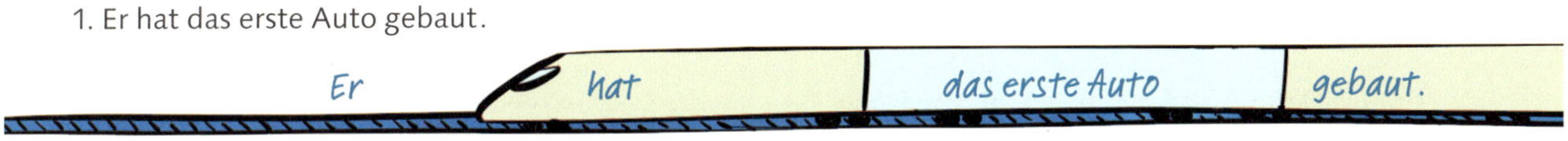

2. Er hat viele Jahre in Amerika gelebt.

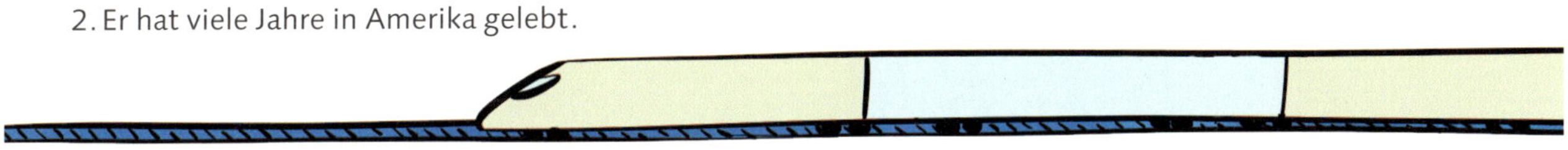

3. Seine Tochter hat auch viele Filme in Europa und Amerika gemacht.

4. Mit sechs Jahren hat er schon Klavier gespielt.

5. Ich kann jetzt über die Vergangenheit sprechen.

3. **Erzählen Sie im Perfekt. Schreiben Sie die Sätze.**

a) **1.** anschauen / erst / alle Ringe / Ich

Ich habe ______________________

2. auswählen / den schönsten Ring / Ich

____

3. kaufen / Dann / den Ring / für dich / ich

____

b) **1.** warten / lange / Er

____

2. kaufen / viele Schuhe / Sie

____

3. zahlen / Dann / viel Geld / er

____

4. **Wählen sie aus der Tabelle in Aufgabe 1 drei Verben (oder mehr Verben aus) und schreiben Sie Sätze oder eine kleine Geschichte im Perfekt.**

____

____

____

____

► 3 Die Verben *sein* und *haben* im Präteritum

5. **Hier finden Sie alle Formen von *sein* und *haben* im Präsens und Präteritum. Aber jede nur einmal. Ergänzen Sie die Tabelle.**

haben • warst • ist • hatte • wart • hast • sind • habt • bist • hattet • war • hat • waren • hatten • bin • hattest • seid • ~~habe~~

haben	ich	du	er/sie/es/man	wir	ihr	sie/Sie
Präsens	habe					
Präteritum						

sein	ich	du	er/sie/es/man	wir	ihr	sie/Sie
Präsens						
Präteritum						

6. **Präsens oder Präteritum? Bitte ergänzen Sie.**

1. Du __________ noch nie im Kino? Das glaube ich dir nicht, Angela.

2. Mein Vater __________ Mechaniker bei der BASF.

Er arbeitet heute nicht mehr. Ich __________ Computerspezialist.

3. – __________ ihr gestern im Kino?

+ Nein, wir ________ keine Zeit.

4. Meine Großeltern __________ acht Kinder, meine Eltern _________ zwei,

meine Schwester ______ einen Sohn und ich _______ keine Kinder.

5. – Ihr ________ doch einen Mercedes?

+ Nein, der ________ uns zu teuer. Wir haben ihn verkauft. Wir _________ jetzt zwei Fahrräder.

6. – Wo _________ Sie gestern abend um 17 Uhr 43?

+ Ich _______ im Unterricht, bis 18 Uhr 30.

7. Meine Tante ________ schon 1963 das erste Mal in Italien. Heute ______ sie in Umbrien ein Ferienhaus.

8. Von 2001 bis dieses Jahr __________ ich einen Job bei Siemens. Seit Mai ________ ich arbeitslos.

▶ 4 Über die eigene Vergangenheit sprechen

7. **Ergänzen Sie bitte die Zeitangaben.**

dann • früher • im Jahr 2000 • seit • über 20 Jahre • von 2001 bis • zehn Jahre lang

1. ____________________ 2004 habe ich in München gelebt.

2. ____________________ 2004 wohne ich in Potsdam.

3. ____________________ habe ich gerne eingekauft, aber heute lese ich lieber ein Buch.

4. Ich habe ______________________ auf meine Traumfrau gewartet. Dann habe ich eine andere geheiratet.

5. __________________ (1994–2004) habe ich bei Daimler in Stuttgart gearbeitet, __________ habe ich einen Job in Hamburg bekommen.

6. Wir haben uns hier in Deutschland kennen gelernt. ____________________ haben wir geheiratet.

8. **Viele Fragen – Schreiben Sie die Satzanfänge zu Ende. Es gibt viele Möglichkeiten. Korrigieren Sie gemeinsam im Kurs und interviewen Sie sich gegenseitig.**

1. Wo waren Sie ______________________________ ?
2. Was haben Sie ______________________________ ?
3. Hatten Sie ______________________________ ?
4. Seit wann ______________________________ ?
5. Wie lange waren Sie ______________________________ ?
6. Wie lange haben Sie ______________________________ ?
7. Wo haben Sie ______________________________ ?
8. Von wann bis wann waren Sie ______________________________ ?
9. Von wann bis wann haben Sie ______________________________ ?
10. Waren Sie ______________________________ ?

9. **Komposita**

a) **Welche Wörter kennen Sie? Setzen Sie Wörter zusammen.**

der Geburtsort

der __________s__________

die __________s__________

die __________s__________

die ____________________

die __________s__________

das __________s__________

das ____________________

die __________~~e~~__________

die Schule · das Interview · der Mond · die Ausbildung · der Beruf · das Datum · die Bildung · ~~die Geburt~~ · die Geburt · der Staat · der Beruf · der Partner · ~~der Ort~~ · der Aufenthalt · die Angehörigkeit · das Ausland · die Tätigkeit · die Landung

b) **Bitte markieren Sie den Wortakzent und lesen Sie die Wörter laut.**

10. Mit „machen“ kann man vieles machen.

a) Welches Wort passt zu welchem Bild?
Bitte ordnen Sie zu und schreiben Sie einen passenden Satz.

mitmachen • anmachen • aufmachen • weitermachen • zumachen • blaumachen

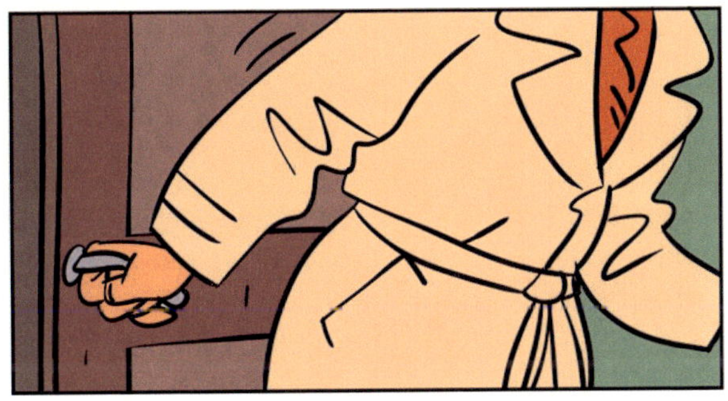

b) Kennen Sie andere Verben mit *machen*? Schreiben Sie Sätze und kontrollieren Sie im Kurs.

Einheit 13: Medien im Alltag

▶ 1 Gestern bei Julian

1. Kennen Sie die Regel? Wie heißt das Partizip II?

kaufen • verkaufen • diskutieren • suchen • besuchen • funktionieren • passieren • warten • notieren
erwarten • reparieren • stellen • bestellen • akzeptieren • zählen • erzählen • wählen • verwählen

ge_______t	_______t Verben mit be-, ver-, er-, ...	_______t Verben auf -ieren

2. Trennbare Verben – Wie heißt das Partizip?

auspacken		*ausgepackt*
einkaufen		
auswählen	____ge_______t	
vorstellen		
abholen		
aussuchen		

3. Bitte ergänzen Sie die Partizipien.

1. Kannst du bitte den Koffer auspacken? – Schon fertig, ich habe schon alles ___________.

2. Ist das Fahrrad noch kaputt? – Nein, ich habe es ___________ .

3. Mein Schlüssel ist weg. Ich habe schon den ganzen Tag ___________, aber ich kann ihn nicht finden.

4. Mein Großvater hat mir immer viele Geschichten ___________ .

5. Wo warst du so lange? Georg hat eine Stunde ___________ und jetzt ist er alleine im Kino.

6. (Am Telefon) Ist da nicht Jensen? – Nein, hier ist Schneider. – Tut mir Leid, ich habe mich ___________ .

4. **Unregelmäßige Partizipien – Wie heißt der Infinitiv?**

______________	gefunden	______________	getrunken
______________	getroffen	______________	gerufen
______________	geschrieben	______________	gegeben
______________	gestanden	______________	genommen
______________	gesessen	______________	gehalten
______________	gegessen		

5. **Verben mit Vorsilbe – Wie heißt das Partizip II?**

a) **Bitte markieren Sie erst den Wortakzent.**

anfangen	beschreiben	aufschreiben	verstehen	aufstehen	erfinden
wiederfinden	betrinken	zurückgeben	behalten	unterhalten	wegnehmen

b) **Wie heißt das Partizip II?**

______________en	________ge________en
beschreiben – beschrieben	*anfangen – angefangen*

c) **Lesen Sie die Liste laut. Betonen Sie den Wortakzent besonders deutlich.**
Sie können die Silben auch klatschen oder laufen.

6. **Antworten Sie wie im Beispiel.**

1. Ich arbeite nicht. *Ich habe noch nie gearbeitet.*
2. Er lacht nicht. ____________________
3. Ich trinke keinen Alkohol. ____________________
4. Sie fragt nicht. ____________________
5. Ich schreibe keine Postkarte. ____________________
6. Ich verstehe das nicht. ____________________
7. Ich mache keine Geschenke. ____________________
8. Sie weint nicht. ____________________
9. Sie ruft nicht an. ____________________
10. Ich esse keinen Honig. ____________________

▶ 2 Musik

7. **Bitte ergänzen Sie.**

gerne • gerne • gerne • gerne • finde • finde • findet • gefällt mir • gefällt mir • mag • mag

Ich höre morgens beim Aufstehen __________ Popmusik.

Rockmusik __________ ich auch gut,

aber morgens __________ ich die noch nicht hören.

Rockmusik höre ich __________ nach der Schule.

Heavy Metall __________ nicht und

Volksmusik __________ ich ätzend.

Im Radio gibt es gute Volksmusik, die höre ich __________ beim Aufräumen.

Am besten __________ aber Klassik.

Abends setze ich mich mit meinem Mann oft gemütlich ins Wohnzimmer,

dann trinken wir ein Glas Wein und hören __________ Mozart oder Haydn.

Heavy Metall, Techno und diese ganze moderne Musik __________ ich nicht.

Meine Enkelin __________ das aber leider phantastisch.

8. Bitte ordnen Sie.

manchmal
~~immer~~ selten
oft ~~nie~~

immer ________ ________ ________ *nie*

9. Was machen Sie täglich, oft, ...?
Schreiben Sie 5 Sätze wie im Beispiel und vergleichen Sie im Kurs.

täglich *Ich lese täglich eine Stunde die Zeitung.*

täglich ____________________

oft ____________________

manchmal ____________________

selten ____________________

nie ____________________

▶ 3 Perfekt mit *sein*

10. Ergänzen Sie

gehen *ich bin gegangen*

fahren ____________________

fliegen ____________________

kommen ____________________

aufstehen ____________________

fallen ____________________

laufen ____________________

springen ____________________

schwimmen ____________________

einschlafen ____________________

aufwachen ____________________

passieren *es* ____________________

bleiben ____________________

sein ____________________

11. **Hans trainiert für den Ironman (Triathlon). Was hat er gestern alles gemacht?**

a) **Sehen Sie die Bilder an und sprechen Sie passende Sätze.**

früh aufstehen

eine Stunde laufen

durch den See schwimmen

mit dem Fahrrad auf den Feldberg fahren

auf dem Rückweg fallen

weiterfahren

abends müde sein

sofort einschlafen

vom Sieg träumen (!)

b) **Schreiben Sie die Sätze.**

12. **Bitte antworten Sie auf die Fragen wie im Beispiel.**

1. Essen Sie Fisch? *Nein, ich habe noch nie Fisch gegessen.* oder: *Ja, ich esse gerne Fisch.*
2. Spielen Sie Fußball? ______
3. Schreiben Sie Romane? ______
4. Lesen Sie Goethe? ______
5. Fahren Sie Motorboot? ______
6. Spielen Sie Schach? ______
7. Kochen Sie deutsch? ______
8. Hören Sie Heavy Metal? ______
9. Stehen Sie morgens um vier Uhr auf? ______
10. Fliegen Sie zum Mond? ______

▶ 4 Perfekt: Wortstellung

13. **Schreiben Sie Aussagesätze, Ja/Nein-Fragen oder W-Fragen im Perfekt. (siehe Beispiel)**

1. Tim Lea Kuss *Lea hat Tim einen Kuss gegeben. / Hat Tim Lea einen Kuss gegeben? / Wann hat Tim Lea einen Kuss gegeben?*
2. Michael Sabine Brief ______
3. Ilse Tom in die Disco ______
4. Ilse Tom in der Disco ______
5. Mein Bruder die DVD „Herr der Ringe" ______
6. Jens Hausaufgaben ______
7. ich auf der Straße 100 Euro ______
8. Junge Ball ins Fenster ______
9. Sie die Grammatik ______
10. ihr in die Ferien ______

Einheit 14: Über den Tellerrand

▶ 1 Frühstück in Deutschland

1. Mittagessen und Abendessen – Ergänzen Sie die Verbendungen.

1. Viele Deutsche ess____ mittags in der Kantine
ein richtiges warmes Mittagessen.

2. Abends ess____ sie dann nur ganz einfach,
ein Brot mit Wurst oder Käse und vielleicht einen Salat.

3. Was __________ (essen) du zu Mittag?

4. Ich __________ (haben) leider keine Kantine.
Ich kauf____ mir meistens einen Sandwich und
trink____ einen Kaffee.

5. Nachmittags hab____ ich dann wieder Hunger und
ess____ noch etwas Obst,
manchmal hol____ ich mir auch ein Stück Kuchen oder Schokolade.

6. Peter mach____ es genauso wie ich,
und abends brauch_____ wir dann
ein richtiges warmes Abendessen.

7. Koch____ ihr dann zusammen?

8. Nein, das ______ (sein) ganz selten.
Wir ________ (sein) abends viel zu müde.
Wir kauf_____ uns eine Fertigpizza oder Peter hol_____ etwas
von der Imbissbude.

▶ 2 Frühstück international

2. Was essen Sie zum Frühstück, zu Mittag und zum Abendessen? (Achten Sie auf die Wortstellung.)

Zum Frühstück *esse ich* ______________________________

Zu Mittag/Zum Mittagessen ______________________________

Zum Abendessen ______________________________

▶ 3 Camping am Bodensee

3. Bitte ergänzen Sie die Partizipien. Schwer? Die Verben im Kasten helfen Ihnen.

ankommen • bestellen • besuchen • einschlafen • fahren • fahren • gehen • gehen • essen • lesen
machen • machen • mieten • schmecken • trinken • weiterfahren • zurückgeben

Gestern haben wir eine phantastische Radtour ______________. Wir sind mit dem Zug nach Münster ______________. Dort haben wir uns Fahrräder ______________ und sind am Aasee und an der Aa entlang bis zum Wasserschloss Hülshoff ______________. Es war phantastisches Wetter und wir haben im „Schlossrestaurant" zu Mittag ______________ Nach einer kleinen Ruhepause sind wir zum Rüschhaus ______________ und haben das Droste-Hülshoff-Museum ______________. Dort haben wir auch Kaffee ______________ und haben noch eine Pause ______________. Abends um 7 Uhr sind wir wieder in Münster ______________. Wir waren sehr müde. Wir haben unsere Fahrräder ______________ und sind gleich ins Hotel ______________. Zum Abendessen haben wir einen westfälischen Schinkenteller ______________. Der hat uns wirklich gut ______________. Danach bin ich gleich ins Bett ______________, habe noch ein bisschen ______________ und bin dann schnell ______________.

▶ 4 Das Wetter

4. Aprilwetter: Heute ist es schön – Gestern hat es geschneit.

Gestern war das Wetter schlecht, heute ______________.

Heute ist es warm, gestern ______________.

Gestern hat es ______________ und ______________, heute scheint die Sonne.

Heute ist der Himmel blau, gestern ______________.

5. **Kennen Sie schon das Wetter in Deutschland? Was passt? (Sie können die Wörter auch mehr als einmal benutzen.)**

kalt • warm • heiß • sonnig • die Sonne scheint • der Regen • es regnet • das Gewitter • der Blitz, -e • der Donner,- • es blitzt • es donnert • der Nebel • neblig • der Schnee • es schneit • die Wolke, -n • bewölkt

Im Sommer: ____________

____

____

Im Winter: ____________

____

____

Im Frühling: ____________

____

____

Im Herbst: ____________

____

____

6. **Wie ist der Sommer in Ihrem Land? Bitte schreiben Sie 3–5 Sätze.**

Bei uns ist es im Sommer ____________

____

____

▶ 5 Ja, nein, doch

7. **Ja – nein – doch. Bitte beantworten Sie die Fragen.**

1. Trinkt man in Ihrem Land keinen Tee zum Frühstück? *Doch, bei uns trinkt man gerne Tee zum Frühstück.*
   oder: *Nein, man trinkt keinen Tee zum Frühstück.*
2. Isst man Spaghetti zum Frühstück? ____________
3. Essen Sie keinen Joghurt? ____________
4. Trinkt man bei Ihnen keinen Kaffee? ____________
5. Mögen Sie kein Müsli? ____________
6. Isst man häufig Eier? ____________
7. Trinkt man bei Ihnen keine Milch? ____________
8. Trinkt man bei Ihnen kalten Kaffee? ____________
9. Isst man bei Ihnen keine Reissuppe zu Frühstück? ____________
10. Isst man Wurst zum Frühstück? ____________

Einheit 15: Wie geht es dir?

▶ 1 Der Körper

1. **Die Körperteile**

Das hat man nur einmal: *einen Kopf,* ______________________

____

Davon hat man immer zwei: *zwei Augen,* ______________________

____

Davon hat man zehn und mehr: *zehn Finger,* ______________________

____

2. **Wie heißen die Körperteile? Bitte ordnen Sie zu.**

3. **Was kann man alles machen?**

Mit den Ohren kann man ______________________

Mit den Augen kann man ______________________

Mit dem Mund kann man ______________________

Mit den Händen kann man ______________________

____

4. Was passt?

a) Schreiben Sie die Komposita und ergänzen Sie den Plural (wenn möglich).

Krank-	-tropfen
Mittags-	-schmerzen
Kopf-	-schmerzen
Hals-	-meldung
Rücken-	-schlaf
Körper-	-geber
Arbeit-	-teil
Nasen-	-entzündung

1. der ______________________
2. der ______________________
3. der ______________________
4. die ______________________
5. die ______________________
6. die Kopfschmerzen ______________________ (Pl)
7. die ______________________ (Pl)
8. die ______________________ (Pl)

b) Markieren Sie den Wortakzent und lesen Sie die Wörter laut.

5. Was passt? (Es gibt nicht nur eine Möglichkeit.)

Halsschmerzen	in der Apotheke holen
zum Arzt	haben
ins Bett	verschreiben
im Bett	bleiben
eine Krankmeldung	gehen
Tabletten	geben
ein Rezept	brauchen

6. Schreiben Sie 5 Sätze mit den Wörtern aus Aufgabe 4.

1. ______________________
2. ______________________
3. ______________________
4. ______________________
5. ______________________

7. Imperativ wiederholen. Bitte geben Sie Ihren Freunden einen Rat.

Ich habe solche Kopfschmerzen.

Dann geh doch ein bisschen spazieren.

Ich schlafe immer so schlecht.

Meine Nase läuft immer.

Mein Arzt versteht mich nicht.

8. Bitte ergänzen Sie den Dialog.

A: Was fehlt Ihnen, Herr Seiters?

S: ______

A: Aha,... wie lange haben Sie das schon?

S: ______

A: Haben Sie auch Fieber?

S: ______

A: Gut, ich verschreibe Ihnen Tabletten. Nehmen Sie bitte drei am Tag. Immer vor dem Essen. Hier ist das Rezept.

S: ______

A: Ja, natürlich kann ich Ihnen eine Krankmeldung geben. Ich schreibe Sie bis Freitag krank.

S: ______

A: Auf Wiedersehen und gute Besserung.

Einheit 16: Meine vier Wände

▶ 1 Meine vier Wände

1. Rätsel

der • der • der • der • die • die • die • die
te • Bal • Ta • gel • Spie • Tep • Lam • se • Kü
Va • pich • pe • hang • pe • Vor • che • kon

1. Er liegt auf dem Boden und ist oft bunt und weich. ____________________
2. Sie ist oft aus Glas und man kann Blumen hineinstellen. ________________
3. Er gehört zur Wohnung, aber im Winter ist es kalt dort. __________________
4. Sie hängt an der Decke oder an der Wand,
   manchmal steht sie auch auf dem Tisch oder auf dem Boden.

   Sie gibt Licht. ____________________
5. Sie ist an der Wand. Sie ist aus Papier oder manchmal auch aus Stoff.

   Sie sieht gut aus. ____________________
6. Er hängt neben oder vor dem Fenster. ____________________
7. In diesem Raum kann man Essen machen. ____________________
8. Jeden Morgen beim Zähne putzen sehe ich ihn an und sehe mich selbst. ____________________

▶ 2 *zu … / nicht … genug*

2. Widersprechen Sie wie im Beispiel.

1. Die Küche ist zu klein. – *Nein, sie ist groß genug.*
2. Das Auto ist zu langsam. – Nein, ____________________
3. Die Kinder spielen zu laut. – Nein, ____________________
4. Unsere Wohnung ist groß genug. – Nein, ____________________
5. Die Suppe ist warm genug. – Nein, ____________________
6. Hast du lange genug geschlafen? – Nein, ____________________
7. Sie machen zu wenig Sport. – Nein, ____________________
8. Sie essen zu wenig Obst. – Nein, ____________________
9. Um 6 Uhr? Das ist zu spät. – Nein, ____________________
10. Ist das Radio laut genug? – Nein, ____________________

3. Ergänzen Sie den Text.

zur Miete • lebt • allein • groß • zu groß • ziehen • Kontakt mit den Nachbarn • in der Nähe • heizen

Frau Winter ist 75 Jahre alt. Sie ist Rentnerin und ____________ in Köln. Ihr Mann ist vor 3 Jahren gestorben und jetzt lebt sie ____________. Sie wohnt ________________ in einer großen Altbauwohnung. Die Wohnung ist 90 m² ____________. Das ist viel _______________ für sie, aber sie möchte nicht in eine andere Wohnung ____________, denn sie hat viel ___________________ ____________________ im Haus. Es gibt auch viele Geschäfte __________________. Leider kann man die Wohnung im Winter schlecht _________________, denn sie ist groß und die Zimmer sind sehr hoch.

4. Schreiben Sie aus den Stichworten einen Text.

- Familie Mayer
- Reihenhaus in Dietzenbach, zur Miete
- Erdgeschoss: Wohnzimmer, Küche, Toilette
- 1. Stock: Schlafzimmer, 2 Kinderzimmer, Bad
- Garten, kein Keller
- Schule und Kindergarten in der Nähe
- Herr und Frau Mayer: Arbeit in Frankfurt, ca. 25 Minuten mit der S-Bahn
- Wichtig: Ruhe und Platz zum Spielen für die Kinder

____

____

____

____

____

____

5. **Schreiben Sie einen Text über ihre Wohnung: Wie haben Sie früher gewohnt? oder: Wie wohnen Sie jetzt?**

a) **Machen Sie Stichworte.**

b) **Schreiben Sie den Text.**

► 4 und/aber/denn

6. **Verbinden Sie die Sätze mit *und, denn, aber*. Wo kann man das Subjekt weglassen?**

1. Erst hatte ich Schnupfen. Dann habe ich Fieber bekommen.

____

2. Jetzt habe ich viel Zeit. Ich habe Ferien.

____

3. Ich habe erst in einem kleinen Dorf gewohnt. Das hat mir nicht gefallen.

____

4. Mit meinem Handy kann ich telefonieren. Ich kann im Internet surfen.

____

5. Am Wochenende kann ich dir helfen. Heute habe ich keine Zeit.

____

6. Ich mag Berlin. In Berlin ist immer etwas los.

____

7. **Bitte ergänzen Sie.**

1. Wir sind zwei Tage früher aus dem Skiurlaub zurückgekommen, denn ____________________
____.

2. Er möchte mit mir ins Kino gehen, aber ______________________________.

3. Ich höre gerne Musik und ______________________________.

4. Er hört gerne Heavy Metal, aber ______________________________.

5. Du musst heute kommen, denn ______________________________.

6. Ich esse immer viel Obst, denn ______________________________.

7. Der Arzt hat ihm das Rauchen verboten, aber ______________________________.

8. Ich möchte gerne nach Paris fahren und ______________________________.

Lösungen

Einheit 1

1. **1.** Wie heißen Sie? – Ich heiße...
2. Wo wohnen Sie? – Ich wohne in...
3. Woher kommen Sie? – Ich komme aus...

2. Frau Dogil: Guten Morgen! Mein Name ist Anna Dogil. Und wie heißen Sie?
Frau Desmond: Ich bin Marie Desmond. Ich komme aus Frankreich. Und woher kommen Sie?
Frau Dogil: Aus Krakow.
Frau Desmond: Entschuldigung, ich verstehe nicht.
Frau Dogil: Ich komme aus Krakow, das ist in Polen.
Frau Desmond: Ach so, aus Krakow, ich komme aus Lyon.

3.

wohnen	**heißen**	**kommen**	**sein**
ich wohn**e**	ich heiß**e**	ich komm**e**	ich **bin**
wir wohn**en**	wir heiß**en**	wir komm**en**	wir **sind**
Sie wohn**en**	Sie heiß**en**	Sie komm**en**	Sie **sind**

4. **A:** Wie heißen Sie?
B: Ich heiße Claudine Chaptal.
A: Woher kommen Sie?
B: Aus Frankreich.
A: Aha, und wo wohnen Sie jetzt?
B: In Hamburg

A: Wie heißen Sie?
B: Wir heißen Marie und Felix Schmidt.
A: Wo wohnen Sie?
B: Wir wohnen hier in München.
A: Und woher kommen Sie?
B: Wir kommen aus Bielefeld.
A: Ah, ich komme auch aus Bielefeld.

5. **A:** Herr Gomez, woher kommen Sie?
B: Ich komme aus Santiago. Das ist in Chile.
A: Aha, und wo wohnen Sie jetzt?
B: Ich wohne in Bremen.

6. **1. B:** Guten Tag, Frau Beier. Mein Name ist Schreiter.
2. B: Das bin ich.
3. B: Mein Name ist Schmidt, Monika Schmidt.
4. B: Nein, ich bin Frau Reinders.

7. Entschuldigung, wo wohnt Frau Lüders?
Entschuldigung, wie heißen Sie?
Entschuldigung, woher kommen Sie?

8. Guten Tag! Willkommen hier im Deutschkurs. Ich bin die Lehrerin. Mein Name ist...

9. **1.** verstehe **2.** langsamer **3.** Wiederholen **4.** den Dialog **5.** Was heißt **6.** eine Tabelle

10. richtig ≠ falsch; klein ≠ groß; Frau ≠ Herr; fragen ≠ antworten; hören ≠ sprechen; lesen ≠ schreiben

Einheit 2

1. sehr gut – gut – ganz gut – naja, es geht – nicht so gut

2. 1 eins; 2 zwei; 3 drei; 4 vier; 5 fünf; 6 sechs; 7 sieben; 8 acht; 9 neun; 10 zehn
38 achtunddreißig; 17 siebzehn; 66 sechsundsechzig; 1000 eintausend; 15 fünfzehn;
83 dreiundachtzig; 101 einhunderteins; 30 dreißig; 12 zwölf; 11 elf

3. Das Lösungswort heißt: eurolingua

4. **A:** Müller
B: Guten Tag, hier ist Meier. Haben Sie vielleicht die Telefonnummer von Frau Amrein?
A: Ja natürlich, einen Moment bitte... 33 759 38.
B: Danke, und die Vorwahl?
A: 06035
B: 06935?
A: Nein, null, nicht neun, die Vorwahl ist null sechs null drei fünf.
B: Alles klar, danke, tschüss.
A: Tschüss.

5. 1. Kann – bitte; 2. da – Tut mir Leid – Entschuldigung – verwählt.

6. Beispiele:
1. Sind Sie Herr Dalal? – Ja, das bin ich. / Nein, ich heiße Gomez.
2. Wohnen Sie in Frankreich? – Nein, ich wohne in Deutschland.
3. Woher kommen Sie? – Ich komme aus Chile.
4. Lernen Sie Japanisch? – Nein, ich lerne Deutsch.
5. Sprechen Sie Spanisch? – Ja, ich spreche Spanisch.
6. Hören Sie gerne Musik? – Nein, ich höre nicht gerne Musik.
7. Arbeiten Sie bei Siemens? – Ja, ich arbeite bei Siemens.

7. Wie *heißt* die Vorwahl von Frankfurt?
Ist eins eins zwei die Notrufnummer der Feuerwehr?
Haben Sie die Telefonnummer von Herrn Dalal?
Wie *ist* deine Telefonnummer?
Meine Telefonnummer *ist* 33 18 05.
Ich *brauche* die Telefonnummer von Rainer Kaiser.

8. **1.** Nein, der Präsident der USA heißt nicht Tony Blair. Er heißt George W. Bush.
2. Nein, Wien ist nicht in Deutschland. Wien ist in Österreich.
3. Nein, die Telefonnummer der Feuerwehr in Deutschland ist nicht 110. Sie ist 112.
4. Nein, Anna Zawadska kommt nicht aus Brasilien. Sie kommt aus Polen.
5. Nein, die Vorwahl von Frankfurt ist nicht 06221. Sie ist 069.
6. Nein, die Hauptstadt von Deutschland heißt nicht Bonn. Sie heißt Berlin.

9. **Nomen:** der Flug, der Partner, die Regel, die Frage, das Institut, das Telefon
Verben: zählen, markieren, buchstabieren, hören, sprechen, lesen, schreiben
Adjektive: müde, freundlich, unfreundlich, richtig, falsch

Einheit 3

1. – Guten Tag, was möchten Sie?
+ Ich nehme einen Orangensaft und eine Pizza.
– Ja gern. Und was nehmen Sie?
+ Einen Kaffee.
– Möchten Sie auch etwas essen?
+ Nein, danke.
+ Zahlen, bitte.
– Zusammen?
+ Ja, zusammen.
– Ein Kaffee, ein Orangensaft und die Pizza, das macht 13 Euro 50.
+ Bitte... Und das ist für Sie.
– Danke sehr.

2. Nein das ist keine Kursliste. Das ist eine Getränkekarte.
Nein, das ist kein Kind. Das ist eine Frau.
Nein, das ist kein Buch. Das ist eine Zeitung.
Nein, das ist kein Computer. Das ist ein Radio.
Nein, das ist kein Verb. Das ist ein Adjektiv.

3. Nein, das ist kein Wörterbuch.
Nein, ich lerne nicht Japanisch.
Nein, ich wohne nicht in Bayreuth.
Nein, das ist kein Verb.
Nein, das sind keine Nomen.

4. **A:** Kommen Sie aus Frankreich?
B: Nein, wir sind aus Algerien.
A: Und was macht ihr...äh...Entschuldigung...was machen Sie in Wien?
B: Sagen wir „du" Ich heiße Amir, und das ist Mehdi.
A: Und ich heiße Katja.
B: Wir arbeiten bei der Botschaft. Was machst du?
A: Ich bin Sekretärin.

5.

ich	komme	arbeite	spreche
du	komm**st**	arbeit**est**	sprich**st**
er/sie/es	komm**t**	arbeit**et**	sprich**t**
wir	komm**en**	arbeit**en**	sprech**en**
ihr	komm**t**	arbeit**et**	sprech**t**
sie	komm**en**	arbeit**en**	sprech**en**

sein	**haben**
ich bin	ich habe
du bist	du hast
er/sie/es ist	er/sie/es hat
wir sind	wir haben
ihr seid	ihr habt
sie/Sie sind	sie/Sie haben

6. **1.** nimmst – nehme **2.** bist – bin **3.** sprichst – spreche **4.** liest – lese **5.** hörst – höre **6.** arbeitest – arbeite

7. **1.** Interviewer: Wie heißt du und wie alt bist du?
Max: Ich heiße Max und bin 11 Jahre alt.
Interviewer: Kommst du aus Berlin?
Max: Nein, ich komme aus Frankfurt, aber jetzt wohne ich in Berlin.
Interviewer: Sprichst du Englisch?
Max: Ja, ich spreche Englisch und jetzt lerne ich auch Französisch. Sie fragen aber viel...

2. Laura: Hallo, wie heißt ihr?
Kathi: Wie heißt ihr denn?
Laura: Ich heiße Laura und das ist Jonas.
Kathi: Aha, wir sind Tim und Kathi.

3. Interviewer: Wie heißen Sie?
Melanie: Wir heißen Marc und Melanie Desmond.
Interviewer: Kommen Sie aus Deutschland?
Melanie: Ja, wir wohnen jetzt hier in Hamburg. Ich komme aber aus München und Marc kommt aus Paris.
Interviewer: Marc, sprechen Sie auch Deutsch?
Marc: Ja, ich spreche auch ein bisschen Deutsch.

8. **2.** Ja, gern, was trinkst du?
3. Tee mag ich nicht, lieber Mineralwasser.
4. Ja, was gibt es denn?
5. Gute Idee, ich esse gern eine Pizza.

9./10. Mineralwasser, Apfelsaft, Orangensaft, Wein, Bier, Kaffee, Espresso, Kakao, Cola, Tee

Einheit 4

1. **1.** Ich reise gern. Reist du auch gerne?
Er reist nicht so gerne.
Wir reisen ans Meer.
Ihr reist in die Berge.
Die Deutschen reisen gerne ins Ausland

2. Fahren Sie auch oft ins Ausland?
Ich bleibe am liebsten zu Hause, ich fahre nicht gern in Urlaub.
Bleibst du auch zu Hause oder fährst du wieder nach Norwegen?
Meine Freundin bleibt nicht zu Hause, sie fährt nach Italien.
Wir bleiben nicht zu Hause, wir fahren ans Meer.
Fahrt ihr wieder in die Berge oder bleibt ihr zu Hause?
18 Prozent der Deutschen bleiben zu Hause, die anderen fahren in Urlaub.
Was machen Sie? Bleiben Sie zu Hause oder fahren Sie in Urlaub?

2. **a)** aus – in – zwischen – nach – in – bei
b) in – von – aus – in
c) Beispiel: Ich komme aus Santander. Das liegt in Nordspanien. Jetzt wohne ich in Berlin. Ich arbeite bei Siemens. Im Urlaub fahre ich gerne nach Dänemark ans Meer.

3.

Land	Deutschland	Frankreich	Polen	Türkei	China	Italien
Sprache	Deutsch	Französisch	Polnisch	Türkisch	Chinesisch	Italienisch
Mann	Deutscher	Franzose	Pole	Türke	Chinese	Italiener
Frau	Deutsche	Französin	Polin	Türkin	Chinesin	Italienerin

Beispiel: Ich bin Italienerin. Ich komme aus Italien. Ich spreche Italienisch.

4. **2.** In der Schweiz spricht man Deutsch, Französisch, Italienisch und Rätoromanisch.
3. In den USA spricht man Englisch.
4. In Japan spricht man Japanisch.
5. In Italien spricht man Italienisch.

5. 2F – 3G – 4A – 5H – 6C – 7B – 8D

6. Diese Stadt liegt nicht in Deutschland. Sie ist die Hauptstadt von dem Land. Es ist eine große, alte Stadt mit viel Kultur. Es gibt große Museen und alte Schlösser und viel Musik. In der Stadt spricht man Deutsch.
Lösung: Die Stadt heißt Wien.

7. München ist 900 Jahre alt und liegt im Süden von Deutschland. München hat 1,3 Millionen Einwohner und ist die Hauptstadt von Bayern. Die Sehenswürdigkeiten sind die Frauenkirche, der Englische Garten und das Schloss Nymphenburg. International bekannt ist das Bierfest von München.

8. Dresden ist 1000 Jahre alt und liegt in Ostdeutschland. Dresden hat 500 000 Einwohner und ist die Hauptstadt von Sachsen. Die Sehenswürdigkeiten sind die Frauenkirche, die Semperoper und der Zwinger.

10. Urlaub: Berg, Meer, Strand, Tourist, Restaurant, Ruhe, Entspannung, reisen, Zeit, Spazierengehen, fotografieren

Beruf: Technikerin, Computer, Sekretärin, Controller, Programmierer, arbeiten, Stress

Unterricht: Lehrer, Heft, Regel, Buch, Kurs, üben, Verb, Vokal, CD

Einheit 5

1.
1. eine Packung Erbsen, Chips, Milch, Nudeln, Bohnen, Quark, Fisch, Salami, Käse
2. eine Tafel Schokolade
3. ein Kasten Bier
4. ein Beutel Zwiebeln, Kartoffeln
5. ein Glas Marmelade, Joghurt, Oliven
6. eine Dose Bier, Erbsen, Bohnen, Birnen, Fisch, Oliven
7. ein Becher Joghurt, Quark
8. eine Tüte Erbsen, Chips, Nudeln, Gummibärchen, Bohnen
9. eine Flasche Bier, Öl, Milch, Wein
10. ein Liter Bier, Öl, Milch, Wein
11. ein Kilo Kartoffeln, Birnen
12. ein Pfund Zwiebeln, Bohnen, Fisch, Joghurt, Quark
13. 100 Gramm Salami, Käse, Oliven

2. Gemüse: Bohnen, Zwiebeln, Paprika
Obst: Äpfel, Weintrauben, Orangen, Birnen
Getränk: Apfelsaft, Mineralwasser, Bier, Wein

3. **2.** Ein Kilo Tomaten kostet zwei Euro neunundneunzig.
3. Eine Tüte Chips kostet einen Euro neunundvierzig.
4. Ein Glas Marmelade kostet zwei Euro neunundzwanzig.

5. Eine Tafel Schokolade kostet neunundfünfzig Cent.
6. Ein Becher Joghurt kostet neunundfünfzig Cent.

4. + Guten Tag, Sie wünschen, bitte?
– Ich hätte gern einen Liter Milch und ein Pfund Quark.
+ Ja, gerne. Noch etwas?
– Ja, ich möchte noch ein Kilo Kartoffeln.
+ Gut, ist das alles?
– Nein, ich brauche noch eine Flasche Cola und eine Tüte Gummibärchen. Dann habe ich alles.
+ Gut, das macht 5 Euro 30.
– Bitte.
+ Danke, auf Wiedersehen.
– Danke auch. Auf Wiedersehen.

5.

der/ein/kein	**die/eine/keine**	**das/ein/kein**
der Name, -n	die Dose, -n	das Bild, -er
der Lehrer, -	die Frage, -n	das Problem, -e
der Dialog, -e	die Zahl, -en	das Öl, -e
der Freund, -e	die Sprache, -n	das Hobby, -s
der Monat, -e	die Lösung, -en	das Getränk, -e
der Kurs, -e	die Flasche, -n	das Land, "-er
der Partner, -	die Rechnung, -en	das Buch, "-er
der Tag, -e	die Antwort, -en	das Heft, -e
der Kellner, -	die Regel, -n	das Radio, -s
der Saft, "-e	die CD, -s	das Auto, -s
	die Information, -en	

6. die Weinflasche, der Satz, der Apfel, die Regel, das Wort, das Land, der Lehrer, die Kartoffel, das Glas

7. **1.** Geben Sie mir bitte ein Wörterbuch.
2. Hören Sie bitte den Dialog.
3. Tom liest den Text. Ich ergänze die Regel und Lisa macht eine Tabelle.
4. Martin trinkt einen Kaffee.
Möchtest du einen Tee?
Ich nehme eine Cola.
Gut, dann bestellen wir einen Kaffee, einen Tee und eine Cola.

8. einen Tomatensalat – eine Brezel – einen Wein – eine Gulaschsuppe – ein Steak – Pommes frites – ein Bier – einen Kaffee
Was nehmen Sie?
Beispiel: Ich esse einen Salat und trinke ein Bier.

9. 1. den; 2. den; 3. das; 4. den; 5. die; 6. die, 7. die (Pl.)/den (Sg.)

10. Der Kellner bringt das Essen. Die Lehrerin liest den Text. Die Sekretärin schreibt den Brief. Der Verkäufer gibt Frau Müller die Tafel Schokolade. Ich möchte keine Milch, ich brauche einen Kaffee. Nimmst du auch einen Kaffee?

11. ich mag Gummibärchen — wir mögen Gummibärchen
du magst Gummibärchen — ihr mögt Gummibärchen
er/sie/es mag Gummibärchen — sie/Sie mögen Gummibärchen

12. Was möchtest du? / Trinkst du ein Bier? / Isst du ein Sandwich?
Was möchten Sie? / Trinken Sie ein Bier? / Essen Sie ein Sandwich?
Ich möchte einen Apfelsaft. / Ich hätte gern eine Cola. / Ein Mineralwasser, bitte. / Haben Sie Tomatensaft?

13. **1.** Mögen – mag – mag
2. Mögen – mag – finde
3. findest – mag – finde

1. **1.** Wie viel – Wann – Um wie viel
2. Wie – Wann – Um wie viel

2. **a) 2.** Es ist Viertel nach zehn. Es ist 10.15 Uhr. / Es ist 22.15 Uhr.
3. Es ist zwanzig nach zehn. Es ist 10.20 Uhr. / Es ist 22.20 Uhr.
4. Es ist halb elf. Es ist 10.30 Uhr. / Es ist 22.30 Uhr.
5. Es ist drei Uhr. Es ist 15 Uhr. / Es ist 3 Uhr.
6. Es ist Viertel vor drei. Es ist 14.45 Uhr. / Es ist 2.45 Uhr.
7. Es ist zwanzig vor drei. Es ist 14.40 Uhr. / Es ist 2.40 Uhr.
8. Es ist halb drei. Es ist 14.30 Uhr. / Es ist 2.30 Uhr.

3. **1.** Es ist ein Uhr. / Es ist eins.
2. Um halb zwei.
3. Ich komme um Viertel nach fünf.
4. Um halb sieben.

4. **B:** Gerne, was läuft denn?
A: „Troja."
B: Prima, wann treffen wir uns?
A: Wir treffen uns um Viertel vor acht / 19.45 Uhr am Kino.
B: O.K., bis dann.

5. **a) A:** Ich gehe heute Abend aus. Kommst du mit?
B: Ja, gerne, wohin denn?
A: Zum Beispiel ins „La Bella" und danach in die Disco.
B: Prima. Wann und wo treffen wir uns?
A: Ich komme um kurz vor acht vorbei.
B: Alles klar. Tschüss.
A: Tschüss.

b) A: Hallo Doris, heute läuft ... im Kino. Kommst du mit?
B: Heute, das geht leider nicht.
A: Und morgen?
B: Morgen geht es leider auch nicht.
A: Hm, schade, na dann bis bald.
B: Tschüss.

6. Es ist kurz nach neun. – Es ist gleich halb neun. / Es ist kurz vor halb neun. – Es ist Punkt neun. / Es ist genau neun.

7. vor – um – um – nach – von – bis – um – nach

8. 2. *mit*kommen; 3. *an*fangen; 4. *auf*hören; 5. *an*rufen; 6. *aus*fallen; 7. *statt*finden, *aus*fallen; 8. *zusammen*passen; 9. *nach*sprechen; 10. *an*sehen

9. Beispiele:
anrufen, ansehen, anschauen, anprobieren, ansprechen, anfangen, ankreuzen...
einkaufen, einladen, einsammeln, einordnen, eintragen...
aufhören, aufstehen, aufteilen, auffallen, aufwachsen...
ausfallen, ausgehen, aussehen, auswählen, ausfüllen...
mitbringen, mitfahren, mitkommen, mitmachen, mitschreiben, mitlesen, mitnehmen...

10. Beispiele:
Ich schreibe die Firma an.
Der Unterricht fängt um 9 Uhr an.
Der Zug kommt um 10.43Uhr an.
Sie sieht den Fehler ein.

Carlos schreibt die Verben auf.
Du siehst müde aus.
Wir gehen heute Abend aus.
Er bringt eine Flasche Wein mit.
Die Kinder kommen mit.

11. **2.** Am Dienstag geht er zum Deutschkurs.
3. Am Mittwoch Abend spielt er mit seinen Freunden Poker.
4. Am Donnerstag hat er wieder Deutschkurs.
5. Am Freitag und Samstag Abend geht er gerne aus.

12. Beispiele:
spielen: Tennis, Fußball, Basketball, Volleyball, Squash, Schach, Billard, Gitarre, Klavier, Saxophon
machen: Gymnastik, Judo, Karate, Ballett
fahren: Motorrad, Motorboot, Ski, Schlitten

13. Zirkus, Fahrrad, Judo, Ballsport, Yoga, Disco

Karate, Gitarre, Museum, Theater

Tischtennis, Spielkarten, Briefmarken, Motorboot.

14. 1. sie; 2. es; 3. sie; 4. ihn; 5. sie; 6. ihn; 7. sie

15. Beispiel:
Lieber Frank,
in Wahrheit liebst du doch nur deinen Fußball und nicht mich! Du brauchst mich nicht.
Du denkst nur an deine Fußballfreunde.
Jetzt liebe ich den Professor. Er liebt mich auch. Wir lieben uns und ich denke nur an ihn.
Bitte ruf mich nicht mehr an. Ich schicke dir dein Trikot.
Daniela

Einheit 7

1. Hinten in der Mitte sitzt mein Großvater, Friedrich Wilhelm.
Hinten links und rechts stehen meine Cousinen Christa und Berta.
Vorne in der Mitte (links) bin ich.
Der Junge vorne rechts ist mein Bruder Wilhelm.
Vorne rechts, das ist meine Tante Eleonore.

2.

der/ein/kein **mein/sein/ihr …**	das/en/kein **mein/sein/ihr …**	die/eine/keine **meine/seine/ihre …**
Bleistift	Auto	Antwort
Brief	Baby	Arbeit
Computer	Buch	CD
Deutschkurs	Foto	Familie
Garten	Haus	Frage
Kaffee	Heft	Kassette
Kuli	Hobby	Lehrerin
Name	Instrument	Telefonnummer
Nachbar	Radio	Zeitung

3. Sein Name ist Tobias. Sein Hobby ist Fußball. Sein Freund heißt Sascha. Das ist sein Fahrrad.
Das sind seine Bücher und seine CDs. Er hat eine Schwester. Seine Schwester heißt Lea.

Ihr Name ist Lea. Ihr Hobby ist Reiten. Ihre Freundin heißt Jasmin. Das ist ihr Fahrrad.
Das sind ihre Bücher und ihre CDs. Sie hat einen Bruder. Ihr Bruder heißt Tobias.

Tobias und Lea sind Geschwister. Das sind ihre Eltern. Ihre Mutter heißt Barbara. Ihr Vater heißt Stefan.
Das ist ihr Haus und ihr Garten.

4. **1.** Mein – Seine – Ihre – meine – Unsere
2. Meine
3. eure – unsere
4. deine – meine

5. meine Wohnung – meinen Fernseher – meine Mutter – meine Probleme – meine Freundin – ihren Computer – mein Geld – deine Probleme

Mein lieber Freund – deine Ex-Freundin – ihren Computer – dein Geld

6. 1. meinen – mein; 2. unser – unser; 3. eure – eure; 4. mein – mein; 5. meinen – mein

7.

Nominativ	**Akkusativ**
ein Mann	einen Mann
kein Mann	keinen Mann
dieser Mann	diesen Mann
welcher Mann	welchen Mann
mein, dein, sein Mann	meinen, deinen, seinen Mann

8. immer weniger – als früher – Im Schnitt – Auf dem Land – die Hälfte

9.

Im Café	**Sprachen lernen**	**Freizeit**
trinken	ergänzen	einkaufen
essen	betonen	sammeln
zahlen	vorlesen	spielen
bestellen	fragen	ausgehen
	ankreuzen	tanzen
	erklären	singen

10. Beispiele:
Wir bestellen ein Bier und einen Kaffee.
Marta liest den Text vor.
Die Lehrerin erklärt die Regel.
Ihr sammelt Briefmarken.
Sie gehen heute Abend aus.
Ich singe ein Lied.

Einheit 8

1. Beispiele:
Susanne: Ihr Pullover ist schwarz, er ist aus Wolle.
Florian: Sein Pullover ist blau-weiß. Seine Hose ist schwarz.
Stefan: Sein T-Shirt ist weiß und seine Jacke ist beige. Seine Kleidung ist sportlich.
Thomas: Sein Hemd ist orange, es ist kurzärmelig.
Regina: Ihr Pullover ist schwarz. Ihre Jeans ist blau. Ihre Kleidung ist praktisch.
Walter: Sein Hemd ist kariert, seine Hose ist beige. Seine Kleidung ist modisch.
Katharina: Ihr Kleid ist geblümt. Ihre Strümpfe sind geringelt.
Ulla: Ihr T-Shirt ist rot-braun. Es ist kurzärmelig. Ihre Weste ist braun.
Petra: Ihr Pullover ist beige. Ihr T-Shirt ist schwarz. ihre Hose ist hellblau. Ihre Kleidung ist modisch.

2. **2.** Welches Hemd? – Dieses.
3. Welche Jacke? – Diese.
4. Welche Strümpfe? – Diese.
5. Welcher Hut? – Dieser.

3. **V:** Guten Tag, kann ich helfen?
K: Ja, ich suche ein T-Shirt oder eine Bluse.
V: Ja, gerne. Kommen Sie doch bitte mit. Hier sind Blusen und da sind T-Shirts.

K: Diese Bluse in blau finde ich gut.
V: Ja, probieren Sie sie doch einmal an. Die Umkleidekabinen sind da hinten links.
K: ... Die Farbe ist gut, die sitzt gut. Die nehme ich. Wo ist die Kasse?
V: Die Kasse ist hier rechts.

4. zu klein – zu groß; zu weit – zu eng; zu lang – zu kurz; zu leicht – zu warm

5. 1. Passt; 2. findest – finde; 3. sieht ... aus; 4. Probieren ... an

6. 1. geradeaus; 2. die Treppe runter; 3. die Treppe rauf; 4. rechts; 5. links

7. **a.** das Lehrerzimmer; **b.** der 2. Stock; **c.** der Computerraum; **d.** die Cafeteria; **e.** der 1. Stock; **f.** die Mediothek; **g.** das Erdgeschoss; **h.** das Sekretariat

Beispiele:
Wo? Neben der Treppe ist der Aufzug.
Im Lehrerzimmer sind 3 Lehrer.
Im Sekretariat sitzt die Sekretärin.
Neben dem Aufzug im 2. Stock ist die Mediothek.
Neben der Treppe im 1. Stock ist die Cafeteria.
Im Erdgeschoss ist das Sekretariat.
Im 2. Stock sind das Lehrerzimmer und der Computerraum.
In der Cafeteria ist eine Toilette.
Im 1. Stock ist eine Mediothek.

8. **1.** + Gehen Sie die Treppe runter. Der Direktor sitzt im Erdgeschoss.
2. + Ja, die Mediothek ist hier im 1. Stock rechts neben dem Aufzug.
3. + Gehen Sie die Treppe rauf. Der Computerraum ist im 2. Stock rechts neben dem Aufzug.
4. + Die Toilette ist hier in der Cafeteria.
5. + In der Mediothek, sie ist hier im 1. Stock.
6. – Entschuldigung, ich suche das Sekretariat.
7. + Gehen Sie die Treppe rauf. Das Lehrerzimmer ist im 2. Stock neben der Treppe.
8. – Gibt es hier ein Telefon?
9. + Ja, der Fahrstuhl ist im Treppenhaus neben der Treppe.

9. **a.** unter dem Tisch; **b.** über dem Tisch; **c.** zwischen den Büchern; **d.** auf dem Tisch; **e.** hinter dem Bild; **f.** an der Wand; **g.** in der Tasche

10. der Tisch, -e; die Kommode, -n; das Buch; "-er; der Pullover, -; das Hemd, -en; die Tasche, -n; die Wand, "-e; die Tür, -en; das Radio, -s; der Stuhl, "-e

11. auf dem Tisch – Unter dem Stuhl – in der Kommode – zwischen den Büchern – unter dem Pullover – unter dem Hemd – in der Tasche – an der Wand – neben der Tür – hinter dem Radio – im Auto

12. Beispiele:
Das Buch steht im Regal.
Das Buch liegt auf dem Tisch.
Die Hose liegt im Schrank.
Die Hose hängt im Schrank.
Mein Kuli liegt auf dem Tisch.
Das Foto liegt auf dem Tisch.
Das Foto hängt an der Wand.
Meine Tante liegt im Garten.
Meine Tante steht an der Wand.
Dein Kaffee steht auf dem Tisch.

13. weiß wie Schnee – blau wie das Meer – schwarz wie die Nacht – grün vor Neid – rot vor Zorn – Er sieht alles schwarz. – Sie sehen alles rosa. – Er fährt schwarz. – Er macht blau. – Sie ist blau.

1.

1. Gehen Sie **die** Goethestraße **entlang**.
2. Gehen Sie **über die** Kantstraße.
3. Gehen Sie **über den** Domplatz.
4. Gehen Sie **bis zum** Museum.
5. Gehen Sie **über die** Alte Brücke.
6. Gehen Sie **links in die** Schillerstraße.

2. **a)** Ich gehe in den Garten / in den Fahrstuhl / in den 1. Stock / in die Disco / in die Wohnung / in die Bibliothek / in die Schule / ins Café / ins Konzert / ins Haus / ins Erdgeschoss / ins Internet / ins Hotel / ins Kaufhaus / ins Theater

3. **a)** Ich bin im Café / im Konzert / im Haus / im Garten / im Fahrstuhl / im Erdgeschoss / im Internet / im Hotel / im Kaufhaus / im Theater / im 1. Stock / in der Disco / in der Wohnung / in der Bibliothek / in der Schule

4.

Wohin legst du das Buch?
Wo steht die Grammatikregel?
Wohin stellst du das Buch?
Wohin stellst du die Tasche?
Wo sind denn meine Kopien?
Wo hängt meine Jacke?
Wohin hängst du deine Jacke?
Wo liegt mein Kuli?

5.

Bitte schreiben Sie den Satz. (Lehrer / Lerner)
Bitte wiederholen Sie die Frage. (Lerner)
Bitte erklären Sie die Regel. (Lerner)
Bitte schreiben Sie mit. (Lehrer)
Bitte üben Sie den Dialog mit dem Partner. (Lehrer)
Bitte hören Sie das Lied. (Lehrer)
Bitte singen Sie mit. (Lehrer)
Bitte sprechen Sie langsamer. (Lerner)
Bitte klatschen Sie den Rhythmus. (Lehrer)

6.

arbeiten	du arbeitest	arbeite!
kommen	du kommst	komm!
einladen	du lädst ein	lad ein!
fahren	du fährst	fahr!
sprechen	du sprichst	sprich!
sein	du bist	sei!

2. Dann arbeite doch mit Lernkarten!
3. Dann lad sie doch mal zum Essen ein!
4. Dann sprich doch mal mit der Lehrerin!
5. Dann fahr doch mal in Urlaub!
6. Dann sprich doch viel mit Deutschen!
7. Beispiel: Dann geh doch mal früh schlafen!

8. 1. komme 2. suche 3. ist 4. geht es hier

9. Beispiel:
A: Verzeihung, wie komme ich zum Römerberg, bitte?
B: Gehen Sie hier gleich links in den Katharinenpfad und dann wieder links in die Bleidenstraße.
A: Gut, und dann?
B: Dann gehen Sie rechts in die Neue Kräme.
A: In die Neue Kräme, o.k.
B: Ja, und dann gehen Sie einfach immer geradeaus. Über die Berliner Straße, den Paulsplatz entlang und über die Braubachstraße. Da ist dann der Römerberg.
A: Vielen Dank!

10. hoch ≠ niedrig
laut ≠ ruhig
schön ≠ hässlich
interessant ≠ langweilig
modern ≠ historisch

Einheit 10

1.

♀	♂
Informatikerin	Informatiker
Ärztin	Arzt
Lehrerin	Lehrer
Köchin	Koch
Hausfrau	Hausmann
Bürokauffrau	Bürokaufmann
Verkäuferin	Verkäufer
Krankenschwester	Krankenpfleger

2. Beispiele: (andere Satzstellung möglich)
1. Frau Böhler steht um sieben Uhr auf.
2. Sie frühstückt um acht Uhr.
3. Sie geht um kurz nach acht aus dem Haus.
4. Um neun Uhr beginnt sie mit der Arbeit.
5. Sie schreibt Briefe und telefoniert.
6. Von halb eins bis eins macht Frau Böhler Mittagspause.
7. Nachmittags arbeitet sie wieder am Computer.
8. Um halb sieben geht sie nach Hause.
9. Manchmal geht sie ins Fitness-Studio oder sieht fern.

3.

	können	**müssen**	**dürfen**
ich	kann	muss	darf
du	kannst	musst	darfst
er/sie/es/man	kann	muss	darf
wir	können	müssen	dürfen
ihr	könnt	müsst	dürft
sie	können	müssen	dürfen

4.
1. Ja, ich kann Auto fahren. / Nein, ich kann nicht Auto fahren.
2. Müssen Sie jeden Tag arbeiten?
   Ja, ich muss jeden Tag arbeiten. / Nein, ich muss nicht jeden Tag arbeiten.
3. Darf man bei Ihnen rauchen?
   Ja, man darf bei mir rauchen. / Nein, man darf bei mir nicht rauchen.

4. Können Sie gut am Computer lernen?
   Ja, ich kann gut am Computer lernen. / Nein, ich kann nicht gut am Computer lernen.
5. Darf man bei Ihnen im Haus laute Musik hören?
   Ja, man darf bei mir im Haus laute Musik hören. / Nein, man darf bei mir im Haus keine laute Musik hören.
6. Müssen Sie jeden Morgen um sechs aufstehen?
   Ja, ich muss jeden Morgen um sechs aufstehen. / Nein, ich muss nicht jeden Morgen um sechs aufstehen.
7. Können Kinder in Ihrer Straße spielen?
   Ja, Kinder können in meiner Straße spielen. / Nein, Kinder können in meiner Straße nicht spielen.
8. Darf man bei Ihnen zu Hause nach zehn Uhr abends baden?
   Ja, man darf bei mir zu Hause nach zehn Uhr abends baden. / Nein, man darf bei mir zu Hause nicht nach zehn Uhr abends baden.
9. Mit wie viel Jahren darf man in Ihrem Land Auto fahren?
   In meinem Land darf man mit ... (z. B. 18) Jahren Auto fahren.

5. 2. musst 3. dürft 4. können 5. darf 6. kann 7. müssen 8. kann

6.

Wir	können	jetzt sofort	anfangen.
	Darf	ich hier	parken?
	Kannst	du mir mal	helfen?
Wann	können	Sie	kommen?
Bis wann	müsst	ihr	arbeiten?

7. 2. Meter 3. laufen 4. Kunde 5. Gast

8. 1. Werkzeug 2. Hotelfachfrau 3. Geschenk 4. dürfen 5. selten 6. verbieten 7. verliebt 8. Gitarre 9. grüßen
Das Lösungswort heißt: Wunderbar

Einheit 11

1. **a)** und **b)**
Frühling: März, April, Mai
Sommer: Juni, Juli, August
Herbst: September, Oktober, November
Winter: Dezember, Januar, Februar

2. 2. achten März 3. ersten Mai 4. sechsundzwanzigsten Juni 5. vierzehnte Juli
6. sechsten August 7. zwanzigsten September 8. einunddreißigsten Oktober
9. sechste Dezember 10. zehnten Dezember

3. 2. Um wie viel Uhr 3. An welchem Tag ist 4. Wann 5. Welcher Tag

4. Vorschläge:
2. Der Film fängt um 20 Uhr an.
3. Dieses Jahr ist Weihnachten an einem Donnerstag.
4. Ich habe am 17. (siebzehnten) Mai Geburtstag.
5. Heute ist Dienstag.

5. 1. am 2. seit 3. Seit 4. Am 5. Seit

6.

Heidelberg, den 10. Juli

Liebe Fabiane,
am 23.Juli habe ich Geburtstag. Ich werde 29. Es ist mein letzter Geburtstag als „Zwanziger".
Ich mache ein großes Fest am Samstag, den 26. Juli bei mir zu Hause. Es beginnt um 20 Uhr.
Kannst du einen Salat mitbringen? Die Getränke kaufe ich alle ein. Sag mir bitte bis zum 20. Juli Bescheid.
Liebe Grüße,
Uli

7. Vorschlag:

Heidelberg, den 15. Juli

Lieber Uli,
vielen Dank für die Einladung. Ich komme gern. Kann ich jemand mitbringen? Er heißt Jens.
Ich kenne ihn seit zwei Wochen. Wir bringen einen Kartoffelsalat mit.
Liebe Grüße,
Fabiane

8. 1. herzlichen 2. Monate 3. frohe 4. Prost 5. Jahreszeiten 6. Feiertag

9. 1. Stunden 2. Uhr – Uhr 3. Zeit – Stunden – Uhr 4. Uhren

Einheit 12

1.

Infinitiv	Partizip II
wohnen	gewohnt
arbeiten	gearbeitet
machen	gemacht
leben	gelebt
fragen	gefragt
antworten	geantwortet
spielen	gespielt
lernen	gelernt
warten	gewartet
kaufen	gekauft
kosten	gekostet
zahlen	gezahlt
zählen	gezählt
zuhören	zugehört
ausfüllen	ausgefüllt
ankreuzen	angekreuzt
anschauen	angeschaut
auswählen	ausgewählt
nachfragen	nachgefragt
einkaufen	eingekauft

2.

2. Er	hat	viele Jahre in Amerika	gelebt.
3. Seine Tochter	hat	auch viele Filme in Europa und Amerika	gemacht
4. Mit sechs Jahren	hat	er schon Klavier	gespielt.
5. Ich	kann	jetzt über die Vergangenheit	sprechen.

3. **a)** **1.** Ich habe erst alle Ringe angeschaut.
2. Ich habe den schönsten Ring ausgewählt.
3. Dann habe ich den Ring für dich gekauft.

b) **1.** Er hat lange gewartet.
2. Sie hat viele Schuhe gekauft.
3. Dann hat er viel Geld gezahlt.

4. Vorschlag:
Erst hat er sie angeschaut.
Er hat sie ausgewählt.
Dann hat er sie gefragt.
Er hat lange gewartet.
Sie haben zusammen gelebt.
Dann hat sie geantwortet.

5.

haben	ich	du	er/sie/es/man	wir	ihr	sie/Sie
Präsens	habe	hast	hat	haben	habt	haben
Präteritum	hatte	hattest	hatte	hatten	hattet	hatten

sein	ich	du	er/sie/es/man	wir	ihr	sie/Sie
Präsens	bin	bist	ist	sind	seid	sind
Präteritum	war	warst	war	waren	wart	waren

6. 1. warst 2. war – bin 3. Wart – hatten 4. haben – haben – hat – habe 5. hattet – war – haben 6. waren – war 7. war – hat 8. hatte – bin

7. 1. Von 2001 bis 2. Seit 3. Früher 4. zehn Jahre lang 5. Über 20 Jahre – dann 6. Im Jahr 2000

8. Vorschläge:
1. Wo waren Sie 2003?
2. Was haben Sie da gemacht?
3. Hatten Sie eine Wohnung?
4. Seit wann leben Sie in Deutschland?
5. Wie lange waren Sie verheiratet?
6. Wie lange haben Sie als Kellner gearbeitet?
7. Wo haben Sie im Jahr 2005 Urlaub gemacht?
8. Von wann bis wann waren Sie arbeitslos?
9. Von wann bis wann haben Sie in Hamburg gewohnt?
10. Waren Sie schon in München?

9. **a)** und **b)**
der Auslandsaufenthalt, die Staatsangehörigkeit, die Berufstätigkeit, die Schulbildung, die Berufsausbildung, das Geburtsdatum, das Partnerinterview, die Mondlandung

10. **a)** Vorschläge:
aufmachen: Sie macht die Tür auf.
zumachen: Er macht die Tür zu.
anmachen: Er macht das Radio an.
weitermachen: Er macht weiter.
mitmachen: Alle machen mit.
blaumachen: Er macht blau.

b) Vorschläge:
ausmachen: Er macht den Fernseher aus. / Sie machen einen Termin aus.
nachmachen: Sie machen die Hausaufgabe nach. / Er macht den Komiker nach.
wegmachen: Sie macht den Dreck weg.

1.

ge______t	______t **Verben mit be-, ver-, er-**	______t **Verben auf -ieren**
gekauft	verkauft	diskutiert
gesucht	besucht	funktioniert
gewartet	erwartet	passiert
gestellt	bestellt	notiert
gezählt	erzählt	repariert
gewählt	verwählt	akzeptiert

2.

einkaufen	eingekauft
auswählen	ausgewählt
vorstellen	vorgestellt
abholen	abgeholt
aussuchen	ausgesucht

3. 1. ausgepackt 2. repariert 3. gesucht 4. erzählt 5. gewartet 6. verwählt

4. finden – gefunden, treffen – getroffen, schreiben – geschrieben, stehen – gestanden, sitzen – gesessen, essen – gegessen, trinken – getrunken, rufen – gerufen, geben – gegeben, nehmen – genommen, halten – gehalten

5. **a)** aufschreiben, verstehen, aufstehen, erfinden, wiederfinden,

betrinken, zurückgeben, behalten, unterhalten, wegnehmen

b)

______**en**	___**ge**___**en**
verstehen – verstanden	aufschreiben – aufgeschrieben
erfinden – erfunden	aufstehen – aufgestanden
betrinken – betrunken	wiederfinden – wiedergefunden
behalten – behalten	zurückgeben – zurückgegeben
unterhalten – unterhalten	wegnehmen – weggenommen

6.
2. Er hat noch nie gelacht.
3. Ich habe noch nie Alkohol getrunken.
4. Sie hat noch nie gefragt.
5. Ich habe noch nie eine Postkarte geschrieben.
6. Ich habe das noch nie verstanden.
7. Ich habe noch nie Geschenke gemacht.
8. Sie hat noch nie geweint.
9. Sie hat noch nie angerufen.
10. Ich habe noch nie Honig gegessen.

7. gerne – finde – mag – gerne – gefällt mir – finde
gerne – gefällt mir – gerne – mag – findet

8. immer, oft, manchmal, selten, nie

9. Vorschläge:
Ich gehe täglich eine Stunde spazieren.
Ich esse oft Pizza.
Ich gehe manchmal ins Kino.
Ich sehe selten fern.
Ich rauche nie.

10.

fahren	ich bin gefahren
fliegen	ich bin geflogen
kommen	ich bin gekommen
aufstehen	ich bin aufgestanden
fallen	ich bin gefallen
laufen	ich bin gelaufen
springen	ich bin gesprungen
schwimmen	ich bin geschwommen
einschlafen	ich bin eingeschlafen
aufwachen	ich bin aufgewacht
passieren	es ist passiert
bleiben	ich bin geblieben
sein	ich bin gewesen

11. **a)** und **b)**
Er ist früh aufgestanden.
Er ist eine Stunde gelaufen.
Er ist durch den See geschwommen.
Er ist mit dem Fahrrad auf den Feldberg gefahren.
Er ist auf dem Rückweg gefallen.
Er ist weitergefahren.
Er ist abends müde gewesen.
Er ist sofort eingeschlafen.
Er hat vom Sieg geträumt!

12.
2. Nein, ich habe noch nie Fußball gespielt. / Ja, ich spiele gerne Fußball.
3. Nein, ich habe noch nie Romane geschrieben. / Ja, ich schreibe gerne Romane.
4. Nein, ich habe noch nie Goethe gelesen. / Ja, ich lese gerne Goethe.
5. Nein, ich bin noch nie Motorboot gefahren. / Ja, ich fahre gerne Motorboot.
6. Nein, ich habe noch nie Schach gespielt. / Ja, ich spiele gerne Schach.
7. Nein, ich habe noch nie deutsch gekocht. / Ja, ich koche gerne deutsch.
8. Nein, ich habe noch nie Heavy Metal gehört. / Ja, ich höre gern Heavy Metal.
9. Nein, ich bin noch nie morgens um vier Uhr aufgestanden. / Ja, ich stehe gerne morgens um vier Uhr auf.
10. Nein, ich bin noch nie zum Mond geflogen. / Ja, ich fliege gerne zum Mond.

13.
2. Michael hat Sabine einen Brief geschrieben. / Hat Michael Sabine einen Brief geschrieben? / Wann hat Michael Sabine einen Brief geschrieben?
3. Ilse und Tom sind in die Disco gegangen. / Sind Ilse und Tom in die Disco gegangen? / Wann sind Ilse und Tom in die Disco gegangen?
4. Ilse und Tom sind in der Disco gewesen. / Sind Ilse und Tom in der Disco gewesen? / Wann sind Ilse und Tom in der Disco gewesen?
5. Mein Bruder hat die DVD „Herr der Ringe" gesehen. / Hat mein Bruder die DVD „Herr der Ringe" gesehen? / Wann hat mein Bruder die DVD „Herr der Ringe" gesehen?
6. Jens hat die Hausaufgaben gemacht. / Hat Jens die Hausaufgaben gemacht? / Wann hat Jens die Hausaufgaben gemacht?
7. Ich habe auf der Straße 100 Euro gefunden. / Habe ich auf der Straße 100 Euro gefunden? / Wann habe ich auf der Straße 100 Euro gefunden?
8. Der Junge hat den Ball ins Fenster geworfen. / Hat der Junge den Ball ins Fenster geworfen? / Wann hat der Junge den Ball ins Fenster geworfen?
9. Sie haben die Grammatik gelernt. / Haben Sie die Grammatik gelernt? / Wann haben Sie die Grammatik gelernt?
10. Ihr seid in die Ferien gefahren. / Seid ihr in die Ferien gefahren? / Wann seid ihr in die Ferien gefahren?

Einheit 14

1. 1. ess**en** 2. ess**en** 3. isst 4. hab**e** – kauf**e** – trink**e** 5. hab**e** – ess**e** – hol**e** 6. mach**t** – brauch**en** – 7. Koch**t** –
8. ist – sind – kauf**en** – hol**t**

2. Vorschlag:
Zum Frühstück esse ich Müsli und trinke einen Kaffee.
Zum Mittagessen esse ich Spaghetti mit Tomatensoße und einen Salat.
Zum Abendessen esse ich ein Käsebrot und etwas Obst.

3. gemacht – gefahren – gemietet – gefahren – gegessen – gegangen – besucht – getrunken – gemacht – angekommen – zurückgegeben – gegangen – bestellt – geschmeckt – gegangen – gelesen – eingeschlafen

4. Gestern war das Wetter schlecht, heute ist es schön.
Heute ist es warm, gestern war es kalt.
Gestern hat es geregnet und geschneit, heute scheint die Sonne.
Heute ist der Himmel blau, gestern war es bewölkt.

5. Im Sommer: warm, heiß, sonnig, die Sonne scheint, das Gewitter, der Blitz, der Donner, es blitzt, es donnert
Im Winter: kalt, der Schnee, es schneit
Im Frühling: warm, sonnig, die Sonne scheint
Im Herbst: der Regen, es regnet, der Nebel, neblig, die Wolke, bewölkt

6. Vorschlag:
Bei uns ist es im Sommer sehr heiß und sonnig. Es ist fast nie bewölkt, aber manchmal gibt es am Abend ein Gewitter mit viel Regen. Dann blitzt und donnert es. Aber nachts bleibt es trotzdem warm.

7.
2. Ja, man isst Spaghetti zum Frühstück. / Nein, man isst keine Spaghetti zum Frühstück.
3. Doch, ich esse gerne Joghurt. / Nein, ich esse keinen Joghurt.
4. Doch, bei uns trinkt man gerne Kaffee. / Nein, bei uns trinkt man keinen Kaffee.
5. Doch, ich mag gerne Müsli. / Nein, ich mag kein Müsli.
6. Ja, man isst häufig Eier. / Nein, man isst nicht häufig (oder: selten) Eier.
7. Doch, bei uns trinkt man Milch. / Nein, bei uns trinkt man keine Milch.
8. Ja, bei uns trinkt man kalten Kaffee. / Nein, bei uns trinkt man keinen kalten Kaffee.
9. Doch, bei uns trinkt man Reissuppe zum Frühstück. / Nein, bei uns trinkt man keine Reissuppe zum Frühstück.
10. Ja, man isst Wurst zum Frühstück. / Nein, man isst keine Wurst zum Frühstück.

Einheit 15

1. Das hat man nur einmal: einen Kopf, ein Gesicht, eine Stirn, ein Kinn, eine Nase, einen Mund, einen Hals, einen Bauch, einen Po, eine Brust, einen Rücken
Davon hat man immer zwei: zwei Augen, zwei Ohren, zwei Schultern, zwei Arme, zwei Hände, zwei Beine, zwei Knie, zwei Füße
Davon hat man zehn und mehr: zehn Finger, zehn Zehen, viele Zähne, viele Haare.

2.

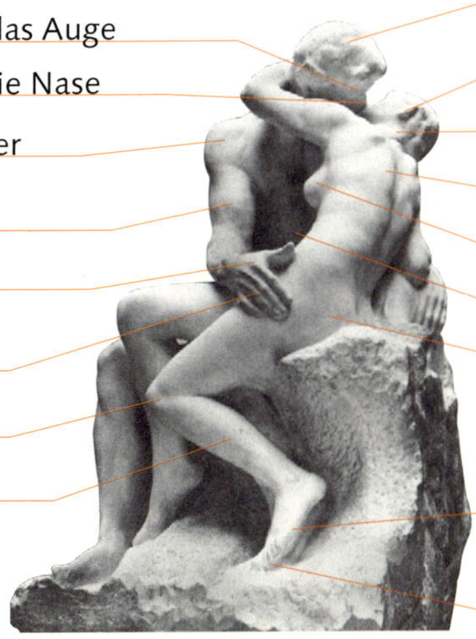

3. Vorschlag:
Mit den Ohren kann man (Musik/Radio) hören, telefonieren
Mit den Augen kann man (einen Film) sehen, lesen
Mit dem Mund kann man sprechen, diskutieren, telefonieren, lachen, küssen, essen, trinken, rauchen
Mit den Händen kann man schreiben, Klavier spielen, nähen, malen, kochen, putzen

4. **a)** und **b)**
1. der Mittagsschlaf 2. der Körperteil, -e 3. der Arbeitgeber, - 4. die Krankmeldung, -en
5. die Halsentzündung, -en 6. die Kopfschmerzen (Pl), die Nasentropfen (Pl) 8. die Rückenschmerzen (Pl)

5. Halsschmerzen haben
zum Arzt gehen
ins Bett gehen
im Bett bleiben
eine Krankmeldung brauchen / geben
Tabletten verschreiben / in der Apotheke holen / geben / brauchen
ein Rezept brauchen / geben

6. Vorschläge:
1. Er macht einen Mittagsschlaf.
2. Ich habe Rückenschmerzen.
3. Sie braucht eine Krankmeldung für den Arbeitgeber.
4. Der Arzt verschreibt Nasentropfen.
5. Sie haben oft Kopfschmerzen.

7. Vorschläge:

1. – Ich habe solche Kopfschmerzen.	+ Dann mach doch einen Mittagsschlaf.
2. – Ich schlafe immer so schlecht.	+ Dann trink doch nicht so viel Kaffee. + Dann geh doch abends an die frische Luft.
3. – Meine Nase läuft immer.	+ Dann zieh dich doch warm an. + Dann iss doch täglich Obst.
4. – Mein Arzt versteht mich nicht.	+ Dann lern doch Deutsch. + Dann geh doch nicht hin.

8. Vorschlag:
A: Was fehlt Ihnen, Herr Seiters?
S: Ich habe Kopfschmerzen und meine Nase läuft.
A: Aha,... wie lange haben Sie das schon?
S: Seit vier Tagen.
A: Haben Sie auch Fieber?
S: Ja, gestern Abend hatte ich 38,5 Grad.
A: Gut, ich verschreibe Ihnen Tabletten. Nehmen Sie bitte drei am Tag. Immer vor dem Essen. Hier ist das Rezept.
S: Vielen Dank. Können Sie mir bitte eine Krankmeldung für meinen Arbeitgeber geben?
A: Ja, natürlich kann ich Ihnen eine Krankmeldung geben. Ich schreibe Sie bis Freitag krank.
S: Danke, Herr Doktor, auf Wiedersehen.
A: Auf Wiedersehen und gute Besserung.

Einheit 16

1. 1. der Teppich 2. die Vase 3. der Balkon 4. die Lampe 5. die Tapete 6. der Vorhang
7. die Küche 8. der Spiegel

2. 2. Nein, es ist schnell genug.
3. Nein, sie spielen leise genug.
4. Nein, sie ist zu klein.
5. Nein, sie ist zu kalt.
6. Nein, ich habe zu kurz geschlafen.
7. Nein, ich mache genug Sport.
8. Nein, ich esse genug Obst.
9. Nein, das ist früh genug.
10. Nein, es ist zu leise.

3. lebt – allein – zur Miete – groß – zu groß – ziehen – Kontakt mit den Nachbarn – in der Nähe – heizen

4. Vorschlag:
Familie Mayer wohnt mit ihren Kindern Luise (8) und Max (4) in einem Reihenhaus in Dietzenbach zur Miete. Im Erdgeschoss sind das Wohnzimmer, die Küche und eine Toilette. Das Schlafzimmer, die beiden Kinderzimmer und das Bad sind im ersten Stock. Das Haus hat einen Garten, aber leider keinen Keller. Die Schule und der Kindergarten sind in der Nähe. Herr und Frau Mayer arbeiten in Frankfurt. Sie fahren jeden Tag ca. 25 Minuten mit der S-Bahn. Das ist nicht so weit. Sie wohnen gern in Dietzenbach, denn es ist ruhig und die Kinder haben viel Platz zum Spielen.

6.
1. Erst hatte ich Schnupfen und dann habe ich Fieber bekommen.
2. Jetzt habe ich viel Zeit, denn ich habe Ferien.
3. Ich habe erst in einem kleinen Dorf gewohnt, aber das hat mir nicht gefallen.
4. Mit meinem Handy kann ich telefonieren und im Internet surfen.
5. Am Wochenende kann ich dir helfen, aber heute habe ich keine Zeit.
6. Ich mag Berlin, denn in Berlin ist immer etwas los.

7. Vorschläge:
1. Wir sind zwei Tage früher aus dem Skiurlaub zurückgekommen, denn ich bin krank geworden.
2. Er möchte mit mir ins Kino gehen, aber ich habe keine Lust.
3. Ich höre gern Musik und tanze gern.
4. Er hört gerne Heavy Metal, aber sie mag nur Klassik.
5. Du musst heute kommen, denn ich feiere meinen Geburtstag.
6. Ich esse immer viel Obst, denn das ist sehr gesund.
7. Der Arzt hat ihm das Rauchen verboten, aber er raucht trotzdem.
8. Ich möchte gerne nach Paris fahren und den Eiffelturm sehen.

Liste der unregelmäßigen Verben

Die meisten trennbaren Verben finden Sie unter der Grundform.
Beispiele: abschreiben → schreiben, zurückkommen → kommen.

Infinitiv	Präsens	Perfekt
abbiegen	er biegt ab	er ist abgebogen
abhängen von	es hängt ab von	es hat abgehangen von
anbieten	er bietet an	er hat angeboten
anfangen	er fängt an	er hat angefangen
anrufen	er ruft an	er hat angerufen
anziehen	er zieht an	er hat angezogen
auffallen	es fällt auf	es ist aufgefallen
aufschlagen	er schlägt auf	er hat aufgeschlagen
aufstehen	er steht auf	er ist aufgestanden
ausfallen	Der Kurs fällt aus	Der Kurs ist ausgefallen
ausgehen	er geht aus	er ist ausgegangen
aufwachsen	er wächst auf	er ist aufgewachsen
ausleihen	er leiht aus	er hat ausgeliehen
ausschlafen	er schläft aus	er ist ausgeschlafen
aussehen	er sieht aus	er hat ausgesehen
aussteigen	er steigt aus	er ist ausgestiegen
backen	er bäckt	er hat gebacken
beginnen	er beginnt	er hat begonnen
behalten	er behält	er hat behalten
bekommen	er bekommt	er hat bekommen
beschreiben	er beschreibt	er hat beschrieben
bitten	er bittet	er hat gebeten
bleiben	er bleibt	er ist geblieben
brechen	er bricht	er hat gebrochen
bringen	er bringt	er hat gebracht
dürfen	er, sie, es darf	er hat gedurft
einladen	er lädt ein	er hat eingeladen
einschlafen	er schläft ein	er ist eingeschlafen
eintragen	er trägt ein	er hat eingetragen
entscheiden	er entscheidet	er hat entschieden
erfinden	er erfindet	er hat erfunden
essen	er isst	er hat gegessen
fahren	er fährt	er ist gefahren
fallen	er fällt	er ist gefallen
fangen	er fängt	er hat gefangen
fernsehen	er sieht fern	er hat ferngesehen
finden	er findet	er hat gefunden
fliegen	er fliegt	er ist geflogen
geben	er gibt	er hat gegeben
gefallen	ihm gefällt	ihm hat gefallen
gehen	er geht	er ist gegangen
gewinnen	er gewinnt	er hat gewonnen
haben	er, sie, es hat	er hat gehabt
halten	er hält	er hat gehalten
hängen	es hängt	es hat gehangen
heißen	er heißt	er hat geheißen
helfen	er hilft	er hat geholfen

Infinitiv	Präsens	Perfekt
kennen	er kennt	er hat gekannt
kommen	er kommt	er ist gekommen
können	er, sie, es kann	er hat gekonnt
lassen	er lässt	er hat gelassen
laufen	er läuft	er ist gelaufen
lesen	er liest	er hat gelesen
liegen	er liegt	er hat gelegen
lügen	er lügt	er hat gelogen
mögen	er, sie, es mag/möchte	er hat gemocht
müssen	er, sie, es muss	er hat gemusst
nachschlagen	er schlägt nach	er hat nachgeschlagen
nehmen	er nimmt	er hat genommen
nennen	er nennt	er hat genannt
raten	er rät	er hat geraten
reiten	er reitet	er ist geritten
riechen	er riecht	er hat gerochen
scheinen	die Sonne scheint	die Sonne hat geschienen
schießen	er schießt	er hat geschossen
schlafen	er schläft	er hat geschlafen
schließen	er schließt	er hat geschlossen
schneiden	er schneidet	er hat geschnitten
schreiben	er schreibt	er hat geschrieben
schwimmen	er schwimmt	er ist geschwommen
sehen	er sieht	er hat gesehen
sein	er, sie, es ist	er ist gewesen
sinken	die Preise sinken	die Preise sind gesunken
sitzen	er sitzt	er hat gesessen
sprechen	er spricht	er hat gesprochen
springen	er springt	er ist gesprungen
stattfinden	es findet statt	es hat stattgefunden
stehen	er steht	er hat gestanden
tragen	er trägt	er hat getragen
treffen	er trifft	er hat getroffen
trinken	er trinkt	er hat getrunken
tun	er tut	er hat getan
umziehen	er zieht um	er ist umgezogen
unterhalten (+ sich)	er unterhält sich	er hat sich unterhalten
unterschreiben	er unterschreibt	er hat unterschrieben
unterstreichen	er unterstreicht	er hat unterstrichen
verbieten	er verbietet	er hat verboten
verbinden	er verbindet	er hat verbunden
vergessen	er vergisst	er hat vergessen
vergleichen	er vergleicht	er hat verglichen
verlassen	er verlässt	er hat verlassen
verschreiben	er verschreibt	er hat verschrieben
verstehen	er versteht	er hat verstanden
waschen	er wäscht	er hat gewaschen
wehtun	es tut weh	es hat wehgetan
werden	er, sie, es wird	er ist geworden
werfen	er wirft	er hat geworfen
wissen	er weiß	er hat gewusst
wollen	er, sie, es will	er hat gewollt
ziehen	er zieht	er hat gezogen

Bildquellen

S. 4 © Cornelsen, Schulz (RF); **S. 5** unten: © Corbis (RF); **S. 7** © Comstock (RF); **S. 8** oben: © Fontshop (RF); **S. 9** © Comstock (RF); **S. 11** oben links und unten rechts: © Cornelsen, Börner – Mitte links und rechts: © Comstock (RF) – unten links: © Cornelsen, Corel-Library (RF); **S. 12** © Corbis (RF); **S. 15** oben: © Latis – unten: © Cornelsen (RF); **S. 16** (1) © Picture-Alliance/akg-images, Drechsel – (2 und 4) © Cornelsen, Corel-Library (RF) – (3 und 5) © Cornelsen, Helmut Litters; **S. 17** oben: © Picture-Alliance/dpa, Hackenberg – Mitte rechts: © Picture-Alliance/Okapia, Uselmann – unten links: © Picture-Alliance/HB-Verlag, Kirchner – unten rechts: © Picture-Alliance/ZB-Report, Hiekel; **S. 18** oben: © Cornelsen, Corel-Library (RF) – unten links: © Getty (RF) – unten rechts: © Keystone, Zick; **S. 19** links und Mitte: © Cornelsen, Corel-Library (RF) – rechts: © Cornelsen, Helmut Litters; **S. 20** oben links: © Cornelsen, Corel-Library (RF) – oben Mitte und rechts: © Cornelsen, Börner – 2. von rechts: © Picture-Alliance/ZB-Special, Gambarini – unten links und rechts: © images.de, Sauer; **S. 22** oben: © Joker, Gloger – Mitte: © Vario-Press, Unkel; **S. 23** oben und unten: © Cornelsen, Helmut Litters – Mitte: © Cornelsen, Börner; **S. 24** © Caro, Klemmer; **S. 25** © Matthias Tunger; **S. 26** oben: © Cornelsen (RF); **S. 28** oben: © Corbis, Gamba – unten: © Plainpicture, By; **S. 29** unten: © Mauritius, Bourrier; **S. 30** © Cornelsen, Rohrmann (RF); **S. 33** links: © Cornelsen, Helmut Litters (RF) – Mitte: © Cornelsen, Schulz (RF) – rechts: © Getty (RF); **S. 34** links: © Cornelsen, Pleynet (RF) – Mitte: © Picture-Alliance/dpa, May – rechts: © Visum, Pflaum; **S. 35** © Plainpicture; **S. 37** oben: © Avenue Images/Index Stock, Cate; **S. 41** oben: © Picture-Alliance/NDS/Helga Lade – 2. von oben: © Jahreszeiten Verlag – 2. von unten: © Caro, Dobiey – unten: © Picture-Alliance/Picture Press, Wartenberg; **S. 43** oben: © J. Lantelme – unten: © Westend61, Prager; **S. 46** oben: © StolzDesign, Rodgau – unten: © Ostkreuz, Muhs; **S. 47** © Stock4B, Blaschke; **S. 50** links: © Westend61, Dittrich – rechts: © Picture-Alliance/dpa, Schutt; **S. 51** oben links, unten links und rechts: © Cornelsen, Helmut Litters – oben rechts: © Picture-Alliance/dpa, Sauer; **S. 52** © Picture-Alliance/dpa, Thieme; **S. 53** © Christophe L; **S. 54** © Corbis (RF); **S. 56** oben: © Corbis, Gomez – unten: © Corbis (RF); **S. 57** © Visum, Steche; **S. 62** oben: © Corbis (RF) – unten: © Plainpicture, Manasse; **S. 63** oben: © Blickwinkel, Royer – links: © Keystone, DiAgentur – Mitte links: © Picture-Alliance/ZB, Lander – Mitte rechts: © Caro, Bastian – rechts: © Nobert Schaefer; **S. 66** oben: © Vario-Press, Moers – Mitte: © Visum, Schoenharting – unten: © Visum, Doering; **S. 67** links: © Visum, Schickert – Mitte links und rechts: © Werner Otto – Mitte rechts: © Picture-Alliance/HB-Verlag, Fischer; **S. 68** © Cornelsen, Helmut Litters; **S. 69** © Picture-Alliance/akg-images; **S. 70** © Visum, Goettlicher; **S. 73** oben: © Plainpicture, Enders – unten: © Mediacolors, Dia; **S. 74** © Transit, Hirth; **S. 91** © Picture-Alliance/akg-images

Nicht alle Copyrightinhaber konnten ermittelt werden; deren Urheberrechte werden hiermit vorsorglich und ausdrücklich anerkannt.